KB167149

살롱문화

차례

Contents

새로운 공간, 살롱

일반적으로 '살롱'은 '다방'이나 '양주집' 정도로 간주되거나 옛날 우리나라의 격조 높은 '기방'이나 사대부의 '사랑방'과 비교된다. 그러나 '살롱'이 프랑스 문화사와 지성사에서 차지하는 위치와 비중은 단순한 사교장이나 오락장 정도가 아니다. '살롱'은 남녀와 신분 간의 벽을 깬 '대화'와 '토론장'이었으며 또한 '문학공간'으로서 문화와 지성의 산실이자 중개소와 같은 역할을 했다.

살롱의 대부분은 여성들이 개장하고 운영하였으므로 여성들의 사회적 활동영역이 되었다. 살롱의 여주인들은 무료하고 폐쇄된 생활에서 벗어나려고 살롱을 개장했다. 여기에서 여주인들은 남녀와 노소, 신분과 직위를 가리지 않고 재능이 많고 언어의 구사력이 좋으며 예의바른 사람들을 초대하여 문학책을 읽고 함께 토론하곤 했는데, 그로부터 살롱문화가 싹튼 것으로 보인다. 살롱에 출입하는 사람들은 교양과 재치를 겸비하고 있었으며, 대부분 여가를 즐길 만한 여유가 있었다. 이들은 모두 평등한 관계 속에서 함께 대화하고 토론하며 교제했다. 따라서 살롱은 문인·저술가·현학자·정치인·예술가 등이 드나들었던 '사교의 장' '대회의 장' '지적 토론의 장' '계층과 계층 간의 이해의 장'으로 신분이나 직위를 막론하고, 누구나 출입하고 싶어 하는 곳이었다.

대부분의 살롱은 오후 2시에서 밤 10시까지 문을 열었고, 이곳에서 사람들은 문학책을 읽고 토론하면서 가볍게 술을 곁들인 식사를 하고, 공연을 즐기고, 춤을 추며 '대화'의 꽃을 피웠다. 살롱에서는 때때로 시중에서 살 수 없는 외국서적이나 필사본이 암암리에 판매되기도 했다. 때문에 하버마스는 살롱을 가리켜 18세기에 탄생한 '새로운 문학공간을 고무하는 최초의 학교'[1]라고 표현하기도 했다.

한편 그르나이유(François Grenaille)가 『숙녀 L'Honnête Fille』(1640)에서 말한 바와 같이 18세기 프랑스 여성들은 '동료를 지배하는 것'에 만족하지 않고, 작가들을 지배하고 싶어 했다.[2] 살롱에 모인 사람들은 재치 있는 언변과 교양 있는 지성으로 신분과 국적을 가리지 않고, 남녀가 마주앉아 자유롭게 대화할 수 있었으나, 여주인의 취향을 벗어날 수 없다는 한계도 있었다. 따라서 살롱은 여주인의 취향에 따라 '순수한 문학공간'에서 '사교 중심의 문학공간', '공연 중심의 문학공간' '토론 중심의 문학공간' 등으로 다양화되었고, 드나드는 손님들도 여러 부류로 나뉘어졌다. 또한 살롱이 처음 개장되기 시작했을 때인 17세기와 달리 18세기의 살롱은 운영방법과 성격에서 많은 차이를 나타내게 되었다.

초창기의 살롱은 순수한 중세 무용담이 섞인 연애담, 달콤한 소설, 새로운 방향의 문학작품에 대한 설명회 같은 성격을 띤 모임이었다. 그러나 18세기 후반부터 점차 철학과 정치에 대한 토론 및 활발한 사상의 교류의 무대로 변모하면서 새로운 '살롱문화'가 형성되게 된다. '살롱'은 국내의 다양한 손님들만이 아니라 외국의 저명한 인사들이 드나들면서 국제적인 사교장, 문화 교류장, 외교의 장으로 그 역할이 확대되었다. 따라서 살롱은 18세기 계몽사상을 창출하는 산실과 새로운 사상을 전파하는 전령사의 역할을 했던 것이다. 뿐만 아니라 살롱은 프랑스 혁명의 사상적 토대 형성의 분수대 역할을 했던 것으로 보인다.

그러므로 이 책은 '살롱문화'의 역사적 기원을 비롯하여 살롱을 통해 탄생한 새로운 문학공간의 형태와 활동, 남녀와 신분의 벽을 깬 대화와 토론문화, 문화와 예술을 향한 프랑스인의 사랑과 열정, 계몽사상과 프랑스 혁명의 연계성, 프랑스 문화의 유럽화와 프랑스 지적 전통의 형성이 어떻게 이루어졌는지를 살펴볼 것이다.

살롱의 기원

살롱의 기원, 아고라(Agora)

사람들이 모여 '대화'와 '토론'을 하며 '사교'하는 공간으로 사용된 살롱의 기원은 고대 아테네와 로마로 거슬러 올라간다. 기원전 4~5세기 아테네의 젊은 귀족들은 스포츠클럽과 더불어 살롱에서 '향연'을 즐겼다. 클럽이 육체적 놀이의 공간이었다면, 살롱은 지적 놀이의 공간이었다. 고대 그리스는 무려 1,000개나 되는 폴리스로 이루어졌으며 직접 민주정치를 행하였으므로 '집회'와 '토론'이 많았다.

플라톤의 『향연』을 보면, 사람들이 모여 포도주를 마시며 특정 주제를 놓고 담론을 즐기던 모습이 묘사되어 있다. 또한

'재치 있게 말하기 좋아하는 사람들'은 아고라(Agora)에서 연설이나 토론을 통해 재능을 발휘했다. 아고라는 정치적 집회뿐만 아니라 제전이나 상품거래와 함께 새로운 소식과 의견교환이 활발하게 이루어졌던 '대화의 광장'이기도 했다. 그러나 그것은 살롱이라기보다 오히려 하나의 '서클'이었다.

역사적으로 유일한 살롱은 아테네의 아스파지아(Aspasie)가 운영한 살롱이었다. 그녀는 비록 노예 출신이었으나 아름답고 재치 있는 여주인이었다. 아테네 민주정의 '완성자'라 할 수 있는 페리클레스는 그녀의 언변에 매료되었고, 정치와 철학에 대한 식견을 사랑했다. 그녀의 집에서는 소크라테스, 플라톤, 알키비아데스 등과의 만남이 이루어지기도 했다.

한편 아고라의 기능은 로마에서 플라자(plaza)와 포럼(forum)으로 이어져 로마 시민의 집회와 대화를 활발하게 했다. 로마의 상류층들은 대부분 목욕탕에 '휴게실(cubiculum)'을 만들었으며, 살롱처럼 시인, 음악가, 그 밖의 예술가들이 참여한 가운데 발표회를 가졌다.[3] 이처럼 목욕탕의 '휴게실'은 로마인들에게 문학과 예술을 즐기는 공간인 동시에 정치, 전쟁, 행사 등에 대한 실제적인 '대화'를 하고 '휴식'하는 생활공간이었다.

한편 중세에 이르러 이러한 고대의 '문예적 모임'과 '대화'는 사회적 가치와 의식의 변화로 인해 그 명맥이 유지되지 못했던 것으로 보인다. 그것은 하버마스가 지적한 것처럼 중세에는 사적 공간과 분리되어 구별된 의미를 갖는 공적 공간이 없었기 때문이기도 했다. 다만 문인들이 모였던 서클로 판단되는 '문학계(Respublica Litteraria)'에 대한 기록이 1417년에 나타났다. 그런데 그것은 명문화된 기관은 아니었고, 대학을 졸업한 자는 누구나 참여할 수 있는 '문학세계', 즉 '문단'과도 같은 것이었다. 여기에서 대화, 저술, 인쇄와 같은 말이 일찍이 사용되었는데, 이러한 말들은 문학계의 매개물이 되었다. '문학계'는 개인의 자율성과 자유를 기본 명제로 하고 있었으므로, 가톨릭을 기반으로 한 봉건사회에서 또 하나의 '내화와 토론'세계를 형성하였다. 그러나 그것은 17세기에 이르러 체계를 갖추고 활성화되기에 이른다.

살롱의 전주곡, 무젠호프와 문학계

15세기에 시와 풍자적인 작품이 성공을 거두면서 상류계층의 인사들과 귀부인들은 소설과 산문으로 구성된 '소식지'에 대해 이야기를 나누고자 모였다. 이때부터 여성들은 더 이상 외롭게 살지 않았고, 남자들은 '여성들의 곁에서 즐거움'을 맛보기 시작했다. 특히 이탈리아에서는 시신(詩神)의 궁전이라고 일컬었던 '무젠호프(Musenhof)'에서 남녀가 한자리에 앉아 대화를 만들어 냈다.

16세기 후반에 이르러 '문학계'는 이탈리아에서 전성기를 맞이하게 된다. 이 시기에 각종 학술적인 모임과 그것을 겸한 사교의 장이 마련되었다. 이곳에서 사람들은 문학작품을 읽고 음악을 즐기며 학문을 토론했는데, 이것이 후일 근대 살롱의 전주곡이 되었다. '문학계'는 사실 어설픈 학문적 분위기, 미숙한 예술성을 가지고 한때 대학과 맞서기도 했다. 살롱 역시 처음에는 대학과, 심지어 자신들의 뿌리가 된 궁정과도 사상적으로 대립하는 경향이 종종 있었다. 17세기에 이르러 '문학계'의 모든 사람들은 회원들 간에 긴밀한 연결고리를 가지고 있었으며, 거기에서 그들은 키케로와 에라스무스를 문체와 대화의 모델로 사용했다.

르네상스 시대의 이탈리아에는 살롱과 흡사한 '무젠호프'가 있었다. '무젠호프'는 그 수를 정확히 파악할 수는 없지만 이탈리아 각 지역에서 활발하게 운영되고 있었다. 이곳에 출입했던 사람들은 문학과 예술에 뛰어난 '재사'들이었다. 교황 레오 10세(재위 1513~1521)는 이탈리아 전 지역의 시인들과 스페인 음악가들을 불러들여 아름다운 산문과 시를 즐겼다. 그는 항상 '위대한 예술가는 인생의 스승이자 불안 속의 위안'이라는 좌우명을 가지고, 이탈리아 르네상스의 황금기를 만들어 냈다.

르네상스기 유럽 살롱의 선구자로서 중요한 인물은 만토바의 변경 백작부인인 이자벨라 데스테와 그녀의 시누이 우르비노 공작부인인 엘리자베타였다. '사교계의 여왕'으로 추앙받았던 데스테는 창의적인 천재성과 타고난 우아함으로 격찬을 받았다. 그녀는 사교계의 여성들과 어울리기를 좋아했으며 예술에 대한 뛰어난 감각을 지녔는가 하면, 거의 날마다 자신의 집으로 문학가와 미술가들을 초대하여 철학과 문학에 관한 대화를 나누었다. 특히 그녀는 이탈리아어로 쓰여진 작품을 즐겨 읽고 대화를 했으며, 그녀의 집에 초대된 사람들은 대부분 인문주의자들로서 지적·정신적 엘리트 집단으로 성장하여 지성사를 대표하는 인물이 되었다. 바로 이러한 것이 근대 유럽 살롱의 모델이 되었다.

살롱의 탄생

클로드 뒤롱은 "글쓰기 이전에 말하기가 있었고 창작 이전에 대화가 있었는데 이것이 곧 살롱이었다"라고 했다. 따라서 살롱이라는 말이 비록 18세기 프랑스에서 보편화되었다 하더라도, 그리고 그 기원이 고대나 르네상스 시대까지 거슬러 올라가더라도 그것은 역시 '대화하는 장소'이다.

프랑스에 르네상스 문화가 확산된 것은 이탈리아 지배권을 노린 프랑수아 1세(재위 1515~1547)의 다년간에 걸친 이탈리아 원정 덕분이었다. 그는 신플라톤 학파의 형이상학적 사랑과 르네상스 궁전의 교양 여성들이 보여준 사교양식을 받아들였으며, 특히 여성들의 섬세한 언어와 재치 있는 대화에 매력을 느꼈다.

살롱은 대화를 통한 문화의 중심지가 궁중에서 도시 또는 개인의 저택으로 이동한 후에 등장한 '문화적 공간'이다. 궁중이 문화의 중심이 되었을 때를 살펴보면 샤를 9세(재위 1560~1574)는 학술원에서 문학과 음악을 부흥시켰고, 앙리 3세(재위 1574~1589)는 언어와 학술문제를 다루는 학회를 발전시켰다. 루브르에서는 바이프의 주제로 발표회가 열렸는데, 국왕은 신하들을 대동하고 참석했으며 부르주아 계급의 지식인들뿐만 아니라 여성들까지도 참여했다. 이처럼 남녀 귀족과 시민계급이 함께 어우러지는 대화의 광장은 후일 프랑스에서 '살롱'으로 발전하는 기틀을 마련해 주었다.

당시 이탈리아 태생의 프랑스 왕비 카트린 드 메디치는 로마의 덕목과 프랑스의 우아함을 겸비한 왕비였다. 그녀는 이탈리아의 섬세한 처세술과 프랑스의 예리한 정신을 갖추고 있었으며, 철학과 문학에 관심이 많았다. 게다가 당시 프랑스는 르네상스 시대 이탈리아의 사회적·문화적 상황과 비슷했던 발로와가의 마지막 시기와 프롱드(Fronde) 난을 비롯한 귀족반란 등의 불안정한 정국에서 벗어나 평화롭고 다정한 대화의 광장을 열자는 인문주의적 분위기가 귀부인들 사이에서 일어나고 있었다.

이러한 분위기를 감안하여 랑부이에 후작부인(Mme, marquise de Rambouillet, 1588~1665)이 가장 먼저 살롱을 개장했다. 그녀는 로마 주재 프랑스 대사였던 장 드 비본과 이탈리아 귀족 출신의 어머니 사이에서 태어나 프랑스 살롱문화의 서막을 장식한 여성이다. 매력적인 검은 눈을 지닌 뛰어난 미모와 남다른 지성 그리고 예술적 재능까지 겸비한 그녀는 반 이탈리아계 여걸로서 12세에 랑부이에 후작과 결혼하여 파리에 정착했다. 1608년에 개장된 랑부이에 부인의 살롱에는 18개의 큰 의자와 커다란 병풍이 비치되어 손님의 수에 따라 펼쳐졌다. 손님은 일정치가 않았지만, 초기에는 대략 10명에서 20명 정도가 모였다.

초기 프랑스의 살롱은 이탈리아 르네상스 시대의 궁정에 있었던 '살로네(Salone)'를 모델로 하였기 때문에 '이탈리아식 살롱(salons à l'italian)'으로 불렸다. 그 후에는 "1631년과 1637년 사이에 자크 르메르시에의 설계에 의해 리슐리외 성에 개장된 살롱이 명성을 얻었다."[4] 이 살롱에 대한 설명은 라 퐁텐의 작품으로 1663년 9월 12일의 편지인 『파리에서 리무쟁까지의 여행기』에도 언급되어 있다. 그리고 푸케가 몰락하는 순간인 1661년 9월 완성된 라 퐁텐의 두 번째 단편작품 「보성의 꿈 *Songe de Vaux*」에는 보 르 비콩트 성에 있는 달걀모양의 커다란 '살롱'이라는 말이 실려 있다.

살롱이라는 말은 앞서의 문학작품 이외에도 1652년 앙토완 르 포트르의 건축설계와 그에 대해 설명하는 8개의 보고서 속의 견적서, 영수증, 매매계약서 등에서도 찾아볼 수 있다. 특히 르 보의 계획으로 퐁텐블로 성에 살롱을 건축하기 위해 1654년 6월 23일 목수 피에르 모르틸롱과 석공 니콜라 메시에 사이에 체결된 수사본의 계약서를 '국가문서보관소'에서 볼 수 있는데, 이 문서에 나타난 살롱의 의미는 여기에서 다루고 있는 '살롱'이 아니라 수집품, 미술작품 등을 전시했던 공간이다.

17세기에 살롱과 관계된 용어는 '뷔로 데스프리(bureau d'és prit, 재능의 집)'를 비롯해 상당히 많았는데, '살롱 희극' '살롱

시인' '정원 살롱' '정원 휴게실' 등과 같은 말이 바로 그것이
다. 따라서 18세기에도 '살롱'은 편지 쓰기 좋아하는 사람들과
회상록 작가들을 중심으로 모임, 대화, 회의, 어울림, 사교계
특히 서클의 중심으로 일컬어졌다. 베장발(Besenval)의 『프랑스
어의 보고』에서 보면 1793년 한 살롱의 모임에서 '살롱'이라
는 말이 가장 먼저 사용되었다고 한다. 그러나 살롱이라는 개
념이 군더더기 없이 '대화'를 위한 장소로 쓰인 것은 의외로
1807년 마담 스타엘의 소설 『코린』에서였으며, 그것은 프랑
스의 문학살롱을 지칭할 때 쓰는 말이기도 하다. 사실 데팡 부
인도 자신의 집에서 매주 가진 문학모임을 한번도 살롱이라고
부르지 않고 '뷔로 데스프리'라는 말을 즐겨 썼다.[5]

　이처럼 18세기 후반까지 '살롱'은 많은 손님을 초대하는 개
인의 집, 대화나 토론장, 회의 장소, 사교모임 등의 의미로 다
양하게 사용되었다. 다만 확실한 것은 '살로네'처럼 귀부인들
이 주역이 되어 지식인과 귀족들이 모여 대화하는 장소였으며
'여성의 왕국'이었다는 점이다. 그러나 살롱은 항상 지식인만
드나들던 곳은 아니었다. 정치가, 귀족, 성직자, 학자, 작가, 시
인, 예술가, 관리, 법률가, 상인, 학생, 군인, 건달 등 다양한 계
층의 사람들이 출입했다. 카페가 도시의 사랑방으로 모든 사
람들에게 개방되어 신분의 벽을 허물고 근대적인 사상과 공공
성을 창출하는 데 기여했다면, 프랑스의 살롱은 귀족적 생활
양식을 토대로 작은 공간을 통해 남녀의 벽을 허물고 새로운
삶과 지혜를 창출하는 문화공간으로 시작되었다.[6]

프랑스 최초의 살롱

랑부이에 부인의 살롱

프랑스에서 최초로 살롱을 개장한 것으로 알려진 사람은 랑부이에 후작부인이다. 그녀가 살롱을 개장한 데는 두 가지 배경이 있었다. 첫째로 그 당시 프랑스는 프롱드 난 등 40년 동안 지속된 내란으로 인해 사회적인 분위기가 몹시 험악한 상태였다. 프랑스인의 격렬한 기질은 좀처럼 순화되지 않고 오랫동안 지속되었으며, 심지어 세련된 언행에도 진정되지 않은 기질이나 과장된 표현이 나타났고, 행동거지 또한 지나치게 격식에 치우치는가 하면 언어도 지나치게 재치를 부리는 경향이 좀처럼 사라지지 않고 있었다. 따라서 사람들은 이와 같이 격렬한 분위기에서 탈피하여 부드러우며 섬세하고 자연스러운 내면과 품위 있는 분위기 그리고 예절을 갈망하게 되었다. 두 번째로는 16세기와 17세기 초의 프랑스 사회가 이탈리아와 에스파냐의 유행을 생활의 모델로 삼고 있었다는 점이다. 이탈리아에서 시작된 르네상스의 기운이 프랑스까지 북상하기 시작했고, 이탈리아화된 에스파냐 역시 프랑스인의 사교적 욕구를 자극하고 있었던 것이다.

랑부이에 부인은 이 두 가지 욕구를 충족시키고 궁정을 벗어나 자유롭게 대화할 수 있는 장소를 마련하였는데, 그것이 바로 살롱이었다. 그녀는 친정아버지로부터 받은 파리의 생토마 뒤 루브르 가에 위치한 저택을 새로운 기법의 건축술로 수리하고 단장하여 살롱을 열고 '청실(chambre bleue)' 또는 '규방(réduit)'을 꾸며 손님들을 맞이했다.

랑부이에 부인은 완벽하고 순수성을 가진 예법과 고귀하고 건실한 정신에 재치까지 겸한 지적 분위기로 살롱을 만들고자 했다. 클레오미르가 설계·개조한 살롱의 건물은 훌륭하고 개성미가 넘쳤으며, 넓은 홀에는 가구가 질서 있게 배열되었고 다양한 램프들이 걸려 있었다. 이 집은 마들렌 드 스퀴데리의 소설 『아르타메네스 또는 키로스 대왕』에서 '클레오미르의 저택(Palais de Cléomire)'으로 묘사되기도 했다.

현대적 건축구조로 저택을 개축한 후작부인은 이른바 사회적·문화적 의식 혁명을 일으키게 된다. 랑부이에 부인의 건물 개조가 주위에 알려지자 루이 13세의 모후는 곧 있을 뢰상부르 궁의 증축에 앞서 자신의 건축가를 그녀의 저택에 보내기도 하였다.

랑부이에 부인은 건물의 양 구석에 방을 만들고 가운데에는 계단을 만든 이전까지의 상례를 깨고, 계단을 한쪽 구석으로 몰아 중앙을 넓은 객실로 만들어 사교와 파티장으로 활용하였다. 살롱은 가죽을 씌운 기둥이 사방에 세워졌으며, 벽은 온갖 색깔의 타피스리로 장식되었다. 따라서 실내는 초록색, 금색, 붉은색 등 신선한 색으로 흘러 넘쳐 사방의 꽃다발과 함께 '꽃의 축제'를 연상케 했다. 그리고 베네치아산 화병, 중국산 도자기, 고대의 대리석상, 금·은 세공품들이 교묘하게 거울과 크리스탈 샹들리에 비치도록 배치되었으며 촛불 빛은 살롱의 구석구석까지 부드럽게 비쳤다. 또한 침실 벽안으로 침대를 놓을 수 있도록 벽을 우묵하게 파 들어간 '알코브(alcôve)'를 만들었다. 이 '알코브'는 침대와 벽 사이의 공간과 함께 수면, 섹스, 기도하는 곳과 같은 은밀한 장소로 이용되었을 뿐만 아니라 장식장이나 금고를 놓아 종이, 책, 귀중품을 두는 곳이기도 했다. 살롱의 중심이 아닌 벽면에 '알코브'를 만든 것은, 그녀가 '열 과민증'이라는 희귀한 병에 시달리고 있었으므로, 불기운이나 태양광선을 피해 주로 '알코브' 안에 있어야 했기 때문이었다.

살롱의 실내는 금과 은으로 화려하게 장식되고 여러 개의 등이 매달려 있어 밝은 기운으로 가득 차 있었고, 각국에서 수집한 귀중품들이 진열되고 갖가지 꽃을 담은 화사한 꽃바구니

들로 언제나 봄을 연상할 수 있는 분위기를 살렸으며, 향수를 짙게 뿌려 매혹적인 분위기를 만들었다.[7] '청실'이라고 부르는 조그만 객실의 벽은 온통 푸른 빛깔의 벽지로 발라져 조용하고 아늑하게 장식되었다. 조용한 이 방에서 살롱의 여주인, 또는 '프레시외즈(재녀, précieuse)'가 특별한 손님을 맞이했다.

'프레시외즈'는 자신의 침실에서 휴식하고 침대에 앉거나 비스듬하게 기대서 혹은 누워서 손님을 접대했다. 여기에서 '규방(ruelle)' '은밀한 작은방(réduit)' '내실(alcôve)' 등의 말들이 유래되었다. 이처럼 주인 위주의 편안한 자세로 손님을 맞이했는데도 살롱은 성황을 이루었다. 그것은 돈을 받지 않아 부담이 없었던 면도 있었지만, 당시에는 남녀가 자유롭게 만날 수 있는 곳이 없었기 때문이기도 했다.

살롱에 모인 사람들은 취향이 거의 유사하여 서로 통하는 바가 많았으며 대화를 통하여 서로를 이해하고 정서를 함양하면서 지적으로 성장할 수 있었다. 긴 얼굴에 매부리코와 주걱턱을 가지고 있던 랑부이에 부인은 예쁘지는 않았지만 '재녀'다운 면이 많은 딸, 즉 후일 몽토지에 공작부인이 된 쥘리와 앙젤리크의 도움 덕분으로 그녀의 살롱에는 단골손님의 발길이 끊이지 않았다.

초기 문학 살롱의 특징과 손님들

이 당시 살롱에 드나드는 남성을 '재사(gens d'ésprit)'라고 했다. '재사'는 세련된 취미와 교양을 갖춘 예의바른 '사교인' 즉 '오네트 옴(honnête homme)'이었다. 이들은 남을 즐겁게 하는 화술, 문장을 잘 쓰는 기술 그리고 태도, 교양, 재치가 뛰어난 사람들로서 '오네트 장(honnêtes gens)'이라고도 불렸는데, 이들이 바로 계몽사상을 창출하고 전파하는 주역이 되었다. 장 데스프리(gens d'ésprit)도 '오네트 옴'과 같은 의미의 '재사'이며 프랑스 17~18세기 실롱에 출입하던 문인들을 지칭하는 말이다.[8]

시인 브와튀르가 말한 것처럼 당시 프랑스에는 정해진 시간에 발코니에 나타나는 방법 말고는 여성들이 남성들의 시선을 끌 수 있는 방법이 거의 없었다. 그러나 살롱이 생기면서 상황은 달라졌고, 특히 그곳에서는 가정, 학교, 수도원에서 가르쳐 주지 않는 사교문화와 토론문화를 배울 수 있었다.

처음 랑부이에 부인의 살롱에 모인 사람들은 격식을 차리지 않고 자유롭게 즐거움을 찾았다. 그들은 무용, 만찬, 관극 등과 같이 궁중에서 즐기는 오락을 도외시하지는 않았지만, 주로 대화를 통해 교제하며 각자가 가지고 있는 최선의 생각을 내놓으면서 즐거운 시간을 보냈다. 그러므로 살롱은 일종의 '사교장'이자 지성인들이 모인 '사상의 거래소'였다.

피자니와 그의 아들, 몽토지에 후작, 사교계를 묘사한 다작의 여류작가 스퀴데리 양은 랑부이에 부인의 살롱에서 주축을 이룬 핵심 인물들이었으며, 그 밖에도 이곳에서는 '오네트 옴'으로 이름난 브와튀르, 빨간 머리의 미모와 재치를 겸비해 귀족의 대우를 받았던 평민 출신 '멋쟁이' 폴레 양을 비롯해 왕족, 성직자, 법관, 작가들이 모여들었는데 이들은 작가의 자격으로서가 아니라 '재사'와 '재녀'의 자격으로 초대되었다.

한 번 살롱의 문객이 된 사람들은 거동이 불편하거나 타계하는 등의 특별한 사유가 발생하지 않는 한 거의 바뀌지 않았다. 특히 처음 개장할 때의 문객들과 함께 아르모 드 코르베빌, 생 에브르몽, 라 로슈푸코, 자크 에스프리, 사라생, 장 샤플랭, 보쉬에 등이 단골손님이 되면서 랑부이에 부인의 살롱은 점점 인기가 높아졌다.

사람들은 식사 후 '소화시키는 시간'에 살롱에 갔다. 살롱에서 사람들은 책을 읽고, 노래를 부르고 연주를 했다. 여기에서 사람들은 폴레 양의 훌륭한 비파소리뿐만 아니라 대단한 노래와 춤 솜씨를 감상했다. 또한 사람들은 '롱도(rondeaux)', 즉 수수께끼와 같은 단편 문학적 즉흥시에 심취되었다.

랑부이에 부인의 살롱이 새로웠던 것은 종종 남자들과 여자들이 모여 그때만은 평등하고 자유롭게 조금도 격식을 차리지 않고 즐거움을 위해서 각자 가지고 있는 지혜를 내놓고자 소박한 대화의 장을 만들었다는 것이다. 그래서 얼마 후에는 그녀의 살롱에 생 에브르몽, 코르네이유, 말레르브, 라 로슈푸코, 세비네 부인, 라 파이에트 부인 등으로 구성된 새로운 그룹이 만들어져 일상생활에서 얻은 화제를 분석하고 새로운 작품의 낭독과 비평을 통해 우아한 예절과 세련된 취미를 길렀다. 따라서 이 모임은 조금도 학술적인 냄새를 풍기지 않으면서 사교계 사람들을 지배하고 이끌어 갔다.

랑부이에 부인의 살롱은 1638년에서 1645년까지 전성기를 맞이하였다. 비록 그녀는 1665년에 죽었지만, 그녀가 보여준 살롱의 모범은 도처에서 모방되었다. 당시 아름다운 파리의 곳곳에서, 즉 루브르 궁과 팔레 카르디날의 주위에서, 마레에서 그리고 플라스 로와얄에서, 왕족과 영주들의 저택과 심지어 부유한 부르주아 계급의 저택에서까지도 살롱이 열렸다. '문학적 규방' '사교적 규방' '문학적이며 동시에 현학적인 규방'들이 17세기에 마구 생겨났고, 그 유행은 시골에까지 퍼졌다.

랑부이에 부인의 살롱은 당시 프랑스 사회에서 사교의 장으로서의 역할뿐만 아니라 언어, 풍속, 매너, 감성을 세련되게 하는 데 크게 기여했다. 그리고 살롱의 문객들 대부분이 18세기 프랑스 계몽사상을 잉태하고 전달하는 데도 큰 역할을 했다. 가스케가 말한 것처럼 랑부이에 부인의 살롱은 아카데미 프랑세즈 이상으로 풍속을 순화하고 언어를 형성하는 데 기여했다. 뿐만 아니라 그녀의 살롱은 30년 동안 프랑스의 양식과 매너를 대표하는 학교가 되었으며 예의바른 태도, 기사다운 정중함, 고상한 감정 등을 유행시켰다.

그러나 프랑스어가 말레르브에 의해 권위와 품격을 획득했다면 랑부이에 부인의 살롱에서는 언어의 뉘앙스와 재치를 중시하다보니 언어유희로 치닫는 경향도 없지 않았다. 따라서 유쾌한 대화가 때로는 세련된 재치를 넘어 겉치레가 심해져 이른바 '프레시오지테(préciosité)'라는 말이 생기기도 했다.

사교문화의 장, 살롱

살롱은 원래부터 도시문화의 산물이다. 정치와 경제뿐만 아니라 사회와 문화 생활의 중심지인 도시에서부터 살롱이 점차적으로 개장되었다. 17세기 후에 이르면 프랑스에서는 살롱의 수가 급증하게 되는데, 그것은 유행과 부를 축적한 부르주아지가 성장했기 때문이다. 따라서 살롱의 본질은 여전히 변하지 않았고 선택된 지식인들이 남녀를 구분하지 않고 교제하는 지식의 아성으로 운영되었다. 그러나 지성의 바람이 언제나 똑같은 방향을 향하는 것은 아니었다. 곧 과학의 진보가 새로운 호기심을 불러 일으켰다. 이미 1662년 초에 보쉬에가 말한 바와 같이 인간은 세계의 모습을 거의 모두 바꿔버렸다. 물론 이러한 진보는 주로 갈릴레이나 케플러 같은 천문학자, 수학자인 데카르트를 통해서 이루어졌다.

대학은 여전히 교조주의와 자부심에 집착했고 따라서 자신들이 신성시하고 있던 고대인의 가르침과 모순 되는 것, 즉 최근에 발견된 것들을 적대시했다. 반면에 탐구정신은 새로운 이론을 논의하고 이들 이론의 저술가들을 받아들이고 보호해 주는 사적 모임에서 자라났다. 여성들에게는 과학적인 학문이 거의 배제되어 있었으므로, 그녀들의 호기심은 더욱 가중되어 물리학자, 천문학자, 의사, 기하학자들을 살롱에 초대하기 시작했다.

살롱이 처음 개장되었을 때는 젊은 여성들에게 진지한 학문이 금지되었던 시대로 주로 소설작품이 낭독되었다. 그러나 살롱에서 다루어진 소설작품들은 대부분 금서목록에 오른 것들이 많았다. 따라서 가족들도 모르는 사이에 현실과 동떨어진 것, 불가사의한 것, 공상적인 것들이 가정에서부터 거론되어 공적 영역에까지 확산되었다.

18세기까지 사적 영역에 머물러 있던 여성들이 공적 영역에 있는 남성들과 함께 살롱과 카페를 통하여 대화와 토론의 광장을 활성화했다. 따라서 18세기 후반에 이르러서는 문자 그대로 백화가 요란하고 문물이 융성하였으며, 파리만 해도 철학자임을 자처하는 인사들이 무려 2천 명을 헤아렸고 살롱의 수도 800개가 넘었다.[9]

18세기 살롱은 1750년을 기점으로 전반기와 후반기로 나누어 볼 수 있다. 프랑스에서 가장 먼저 개장한 랑부이에 부인의 문예 살롱이 18세기 초반에도 여전히 지배적인 위치를 유지했으며, 화제의 주된 테마는 교회와 종교였다. 마리노는 랑부이에 부인의 살롱에 드나들던 가장 중요한 단골손님들 가운데 한 사람이었다. 그리고 라돈느(L'Adone)는 1623년 이탈리아에서 통용되는 시의 리듬을 살롱에서 발표하기 위해 장 샤플랭의 매우 논쟁적이고 논리적인 서문을 가지고 이 살롱에 나타난 손님이었다.[10] 당시 랑부이에 부인의 살롱은 품위 있는 대중의 탄생과 판단력의 합리성을 격찬하고 선포하는 문학 이론에 대해 토론하는 장소들 중 하나로 인정받고 있었다. 랑부이에 부인의 살롱은 처음부터 귀족적이었으며, 18세기에 이르러서도 데팡 부인의 살롱과 함께 여전히 프랑스의 귀족적 품위와 지성을 지키고 있었다.

로코코 문학의 특성도 교양 있고 재치 있는 귀부인들이 참석한 살롱에서 형성되었다. 살롱의 여주인들이 모두 문장가는 아니었으나, 그녀들의 대다수는 남성들로부터 존경을 받을 만한 지식과 예술에 대한 감각을 가진 교양인들이었다. 이탈리아 문학은 예술적이며, 스페인 문학은 기사도적이고, 영국문학은 개인주의적이며, 독일 문학은 관념적인 반면 프랑스 문학은 '귀족적이며 사교적'이다. 이 '사교적'인 문학이 살롱에서 '오네트 옴'과 '프레시외즈'들 사이에 흥미 있는 대화를 가능하게 했고, 그 속에서 프랑스 근대 사상과 문화를 특징짓는 새로운 출발이 이루어졌다.

한편 코저가 말한 것처럼 18세기 후반에 이르면 레스피나스 양의 살롱, 조프랭 부인의 살롱, 네케르 부인의 살롱에서는 귀족 출신에 대한 존경심을 찾아볼 수 없게 된다. 이들 살롱에서는 제3신분의 계몽사상가들이나 외국에서 건너온 저명한 중간계층의 문인들이 주류를 이루고 있었다. 그들 중 월폴, 흄, 기번, 프리스틀리 등은 살롱을 국제적 문화세계의 공간으로 형성하였다. 또한 이른바 아카데미라고 주장하는 도쉬 자작부인의 살롱에서는 그로티우스가 2류 급의 시인과 산문작가들을 만나고 있었던 것으로 보아 대화의 계층이 한정되어 있지 않았다는 것을 말해 준다. 그러므로 하버마스의 말과 같이 프랑스의 살롱은 지위의 평등을 전제로 한 것이 아니라 지위

전체를 도외시하는 일종의 사회적 교제의 성격을 띠고 있었다. 또한 코생의 말과 같이 프랑스의 살롱 출입자들은 프리메이슨(Freemason, 18세기 초 영국에서 시작된 세계시민주의적·인도주의적 우애를 목적으로 하는 단체) 회원들처럼 당시 집단적으로 발생한 진리의 신개념에 대한 열렬한 옹호자들이었다.[11]

여성들이 이끄는 살롱문화

18세기까지만 해도 기숙학교를 마친 여성들에게는 더 이상의 공식적인 고등교육의 기회가 없었다. 여성들이 그 이상의 공부를 하려면 사교육을 받든지 또는 살롱을 통해 보다 차원 높은 문화에 접근할 수밖에 없었다. 따라서 18세기에는 거의 모든 곳에서 살롱이 우후죽순처럼 개장되었다. 몽테스키외가 (밀라노의 어느 부인이) '살롱을 열고 있다'를 '대화를 주재하고 있다'라고 말한 것처럼 살롱을 '대화'라고도 표현했던 것을 볼 수 있는데, 이처럼 여성들이 대화할 곳을 찾은 곳이 살롱이었다. 그곳에서 여성들은 '대화'를 통해 사교하며 토론을 했으므로, 살롱 자체가 '대화'인 것처럼 통용되었던 것이다. 밀라노의 일부 '대화'모임에서는 코코아나 차가운 음료를 마음껏 마실 수 있고, 카드를

하고도 돈을 지불하지 않아도 되었다고 한다.

살롱의 여주인들은 대개 바람기가 있었으며, 신분이 높고 재산이 풍족하고 남편들이 이해심이 많거나 또는 멀리 떨어져 있든지 아니면 세상을 떠난 경우가 많았다. 예를 들면, 사블레 후작부인은 마리 드 메디치의 시녀였고, 사블레와 결혼했으나 바람기가 많았으며, 몽모랑시 원수의 정부 노릇을 했다. 일부 미혼여성들은 스퀴데리 양처럼 부모의 감시를 받지 않은 채 독립적인 생활을 하는 경우가 많았다. 그리고 사블레 부인처럼 부유한 신흥 부르주아 가문의 출신이거나 위그노 집안에서 자란 경우도 있었다.

살롱을 운영하려면 어느 정도 교양을 갖추어야 하므로 살롱의 여주인들도 어린 루이 14세의 교육담당관이었던 브라삭 부인과 같이 오빠들이 수업 받는 방구석에서 어깨너머로 그리스어와 라틴 고전의 기본을 익혀야 했다. 그리고 살롱은 가톨릭 여성들보다 프로테스탄트 여성들이 운영하는 것이 유리했다. 프로테스탄트 여성들은 고전어에 관한 지식을 가진 아버지에게서 교육받을 수 있었고, 읽고 싶은 책을 마음대로 읽을 수 있는 서재가 있었기 때문이다. 그러나 일부 '잘난 체 하는 여자들'이 지나치게 고상한 체 하거나 채 익숙하지 않은 시어를 남발하는 경향이 있어 사람들의 입줄에 오르내리기도 했다. 그리고 세간에는 '재녀'들이 '오래된 문체에 싸움을 걸고 있다'는 비난도 나돌았다. 그러나 분명한 깃은 '재녀'들은 페미니스트로서만이 아니라 학자들이 사용하는 현학적인 단어,

낡아빠진 단어, 지나치게 전문적인 단어들을 없애려고 많은 노력을 하였다는 것이다.

한편 살롱 여주인들의 사생활을 살펴보면, 외견상으로는 아름다운 옷을 입고 향수에 젖어 '재녀'와 '재사'들을 초청하여 만찬을 베풀면서 '청실'을 무대로 취향을 살려 사교와 대화를 하며 즐겁게 살았던 것으로 보인다. 그러나 이들의 속사정은 다른 면이 많았다. 살롱의 여주인들 가운데는 가정불화, 남편의 조기사망, 주변의 유혹, 살롱운영의 과중한 부담, 불편한 인간관계, 당국의 감시를 받는 금서의 유통과 낭독에 대한 불안 등으로 몸이 쇠약해지거나 신경과민증에 시달리는 사람들이 많았다. 랑부이에 부인을 비롯해서 팔레 로와얄 광장의 저택에 살롱을 연 사블레 부인은 친구 모르 부인처럼 불면증에 시달렸으며, 마차에 최초로 유리 창문을 단 라 파이에트 부인은 은둔자처럼 생활했다.

살롱 여주인들 가운데는 왜 이처럼 환자가 많았을까. 그것은 당시 살롱을 주재했던 여성들이 자신의 개성과 능력을 자유롭게 발휘하지 못한 채 살롱의 '대화'라는 대용품에 만족해야 했던 욕구불만 때문인 듯하다. 그리고 살롱에 손님들을 모으고 명성을 유지하기 위해 끊임없이 함께 어울려야 했던 '대화'와 오락들에서 생긴 신경과민, 공포증, 알레르기 등의 질환이 원인이 되었던 것으로 풀이된다. 또한 시골 살롱 여주인들의 상당수는 건달을 만나거나 남자손님들의 유혹에 빠져 채 꽃이 피기도 전에 시들어 가는 자신들의 모습에 대한 답답하고 암울한 감정으로 병이 생기기도 했던 것으로 보인다.

랑베르 부인의 살롱

랑베르 부인(Mme. Lambert, 1647~1733)의 본명은 안느 테레즈(Anne-Thérèse)이며, 일찍이 아버지를 여의고 어머니가 재가하여 모리스 드 바쇼몽의 의붓딸이 되었다. 지유분방한 의붓아버지는 그녀가 문학에 훌륭한 재능이 있다는 것을 알고, 이를 장려해 주었다. 그녀는 1666년 2월 2일 국왕연대 대위인 앙리 드 랑베르 후작과 결혼했고, 남편의 사회적 기대에 순응하여 사교생활을 시작했다. 랑베르가 1686년에 사망하자 문학과 살롱에 전념하게 된 그녀는 '프레시오지테'와 그 경박한 궤변에 역겨움을 느껴 열성적으로 문학과 철학에 몰두했다.

랑베르 부인은 1698년 오텔 드 느베르로 이사하여 그곳에서 살롱을 개장했고, 곧 높은 명성을 얻었다. 그녀가 쓴 글은 귀족 출신의 여성이 책을 쓰면 안 된다는 당시의 고정관념에서 벗어나지 못해 『아들에 대한 어머니의 충고』와 『딸에 대한 어머니의 충고』라는 제목으로 친구에 의해 출간되었다. 그러나 그녀의 아름다운 문체, 섬세하고 고양된 감정, 그것으로부터 나온 덕을 갖춘 부드러운 어조는 극찬을 받았으며, 여러 판본이 프랑스어로 출간되었고 영어로도 번역되었다. 따라서 그녀는 '문학여성'으로서 살롱을 통해 베르사유 궁과 파리의 예술가 및 학자들 사이에서 처음으로 문학적 가교의 역할을 한 것으로 알려져 있다.

랑베르 부인의 살롱에는 '재사'들로 구성된 사교계의 저명한 인사들이 드나들었으며, 몽테스키외가 대화를 주도했다. 화가인 와토와 나티에도 미술에 대한 자신들의 새로운 복안을 살롱에서 발표했다. 그들은 18세기 주요 관심사였던 '옛것'보다 '오늘날의 것'이 우월하다는 등 주로 진보와 계몽과 연관된 문제를 가지고 토론을 벌였다. 여론의 폭력과 교회의 권위를 싫어했던 그녀는 권위주의로부터의 해방과 정신적 자유를 갈구했다. 그녀는 고전주의와 계몽주의 정신을 겸비하고 있었으며 사회적 자주성과 예술을 강조했다. 그녀가 살롱 사교계에서 보여준 소박함과 진솔함은 모든 살롱문화의 귀감이 되었다.

랑베르 부인은 일주일에 2번 아카데미 회원들과 문학에 대해 아마추어 재능을 가진 사람들을 자기 집에서 접견했다. 모임은 시인이자 철학자인 퐁트넬의 초상화가 굽어보는 홀에서 열렸다. 퐁트넬은 마리보, 몽테스키외와 더불어 랑베르 부인의 '아비튀에'(단골손님)였다. 그녀는 1727년 몽테스키외가 아카데미 프랑세즈의 회원이 되는 데 영향력을 행사한 것을 비롯해서 많은 계몽사상가들을 후원했다. 그녀의 살롱에 초대되지 않거나 그녀가 추천하지 않는 사람이 아카데미 프랑세즈의 회원이 되는 경우가 거의 없을 정도로 그녀의 사회적·정치적 영향력은 살롱의 명성과 함께 막강했다.

또한 아카데미 회원이자 변호사이며 문인인 소와지 신부, 캉브래 대주교 라 모트 페넬롱 등과 오랫동안 서신교환을 했으며 『일리아드와 오디세이』를 번역하고 주석을 달았다. 그녀의 살롱에는 레츠의 추기경, 부르고뉴의 귀족 리비에르, 베르사유 귀족 고페 등이 드나들면서 명예를 고양시켰다.

글쓰기에 취미를 가진 랑베르 부인은 1727년 『여성에 관한 새로운 고찰』을 통해 여성의 사회적 지위를 고양했다. 그리고 페넬롱의 교육정신을 바탕으로 교육에 대한 글을 썼다. 그러나 그녀는 이러한 글쓰기를 통한 이론으로만 여성을 해방시키고자 한 것이 아니라 살롱을 통해 그것을 실현하고자 했던 점이 괄목할 만하다. 그녀는 자신의 살롱에서 다양한 사람들이 함께 모여 대화하기를 열망했으며, 곧 그 명성이 유럽 전체에 알려졌다. 뿐만 아니라 1733년 그녀가 사망한 후에도 다른 살롱의 여성들이 그녀의 정신을 추모하며 여성의 사회적 지위향상과 자유에 관한 정신을 실현했던 것으로 미루어 볼 때 그녀의 살롱은 여성운동의 산실 역할을 했다고 보여진다.

탕생 부인의 살롱

18세기 전반기의 대표적인 살롱은 달랑베르의 어머니인 탕생 후작부인(Mme. Tancin, 1685~1749)의 살롱이다. 그녀의 아버지는 딸의 몽상적인 정신상태에 불안을 느낀 나머지 어린 나이임에도 불구하고 그녀를 몽플뢰리 도미니크 수녀원에 보내게 된다. 그녀가 수녀원에 들어가게 된 또 하나의 이유는 사랑하는 오빠 피에르가 성직자가 될 결심을 했기 때문이기도 했다. 이곳에 모인 사람들은 잡담, 대식, 온갖 종류의 오락으로 시간을 보냈다. 도미니크 수도회의 규정에는 결코 없으나 이곳에 모인 사람들은 자수를 놓고 희극을 공연하고 춤을 추며 노래도 하고 명사들의 지휘로 음악을 연주했으므로 클로드 탕생은 어린 나이에 이상한 경험을 하게 되었다.

이러한 생활을 견디지 못해 15세에 수녀원을 나온 탕생은 언니인 페리올 부인의 집에서 지내게 된다. 그녀는 화려한 상류생활을 즐기는 언니 집에서 궁정과 파리 사교계의 영향력 있는 인사들을 소개받았다. 포병장교 데투쉬와의 짧은 연애 끝에 아들이 태어났지만, 그녀는 그 아이를 몇 주 되지 않아 내다버렸다. 이 갓난애가 후일 『백과전서』를 기초한 달랑베르이다. 달랑베르는 어머니의 냉혹함을 결코 용서하지 않았으며, 평생 가난한 유리세공인의 아내였던 양어머니에게 깊은 애정을 가졌다.

탕생 부인은 랑베르 부인의 살롱에 뒤이어 그곳에서 멀지 않은 지금의 생 토노레 가에 살롱을 개장했다. 탕생 부인의 살롱에는 '7인의 현인'이라고 부르는 사람들이 매주 화요일에 그녀와 함께 식사하러 왔다. 그녀는 간소하게 차려입고 분칠한 머리에 레이스 달린 챙 없는 모자를 쓰고 아카데미와 흡사한 응접실에서 손님들을 접대했다. 원래 정치적 야심을 가지고 살롱을 개장하였던 탕생 부인은 살롱에서 영국의 외교관이자 시인인 마티외 프리오르를 만나는 즐거움을 가졌다. 또한 정치적 야심을 가진 퐁트넬, 마리보, 라 모트, 프레보, 몽테스키외, 볼테르 등의 계몽사상가들이 이 살롱에 자주 드나들었으므로 활기찬 분위기가 되었다. 탕생 부인은 이들과 뜻을 같이 했지만, 그 후에도 그녀의 정치적 야망은 성취되지 않았고, 살롱의 방향도 시나 문예작품을 낭송하거나 철학을 논하는 살롱으로 전환되었다.

살롱을 운영하면서 탕생 부인은 종종 음모에 가담하거나 매춘을 알선하기도 했으며, 섭정 왕 필립과도 잠시나마 가까이 지내 사랑을 얻기도 했다. 또한 익명으로 소설도 쓰고 회상록과 서간집을 발간했다. 바람둥이이자 지방 출신의 여성이었던 그녀는 교묘한 술책으로 막대한 부를 얻어 벼락부자가 되었으며 귀족의 몸가짐을 배워 파리에서 살롱계를 주도하고 후작 부인을 자처했다.[12]

탕생 부인의 살롱은 랑베르 부인의 살롱 손님이었던 철학자들뿐만 아니라 프랑스 당국이 강력하게 감시하는 예수회 회원 그리고 대주교와 추기경의 회합장이 되기도 했다. 탕생 부인은 이들을 통해 오빠를 추기경의 자리에 앉히려고 노력했고 실제로 그녀의 오빠는 후에 리옹의 추기경이 되었다. 영국의 외교관이자 작가로 루이 14세의 궁전에 오래 체류했던 체스터 필드 경은 탕생 부인의 살롱을 '프랑스 정신의 우월성과 숭고함 속에서 부활한 유럽'이라고 일컬었으며 생시몽은 '탕생 수녀'가 세운 18세기의 유명한 살롱으로 평가했다.

탕생 부인이 왕의 애인들에게 접근해 환심을 산 결과 그녀의 살롱은 여인들의 출입으로 성황을 이루었다. 한때 탕생 부인은 그녀의 옛 애인들 중 한 사람이었던 라 프레스네가 그녀의 집에서 머물다 자살을 해 살인혐의를 받고 얼마 동안 샤틀레 감옥에 들어가 고생을 했다. 그러나 석방된 후에 다시 계속해서 살롱활동을 함으로써 인기와 명성을 되찾았다. 그녀는 살롱을 재개한 후에도 볼테르를 제치고 아카데미 프랑세즈의 회원이 된 마리보, 물리학자이자 철학자로 이름난 에밀리 뒤 샤틀레, 몽테스키외를 단골손님으로 맞이했다. 그녀의 살롱은 당시 많은 궁정인들이 드나들었다. 그러나 이들 이외에 법률가, 재정가, 군인, 문인들이 그녀의 보호를 받고 공모를 하면서 꾸준히 교류를 했다. 이 때문에 그녀는 하루에 무려 20통 가량의 편지를 썼다고 한다.

탕생 부인의 살롱은 정신적 자유와 유럽적인 요소 이외에도 남성적 개성을 가지고 있었으며, 드나드는 사람들 사이에는 어떠한 차별도 없었다. 이 살롱을 통해서 만들어진 소설과 폭넓은 서신교환은 프랑스 문학사에 있어서 귀중한 자료가 되었고, 그녀를 비롯한 방문객들의 토론은 프랑스 혁명의 도화선이 될 수 있는 것들이 많았다. 이 살롱에서 추구된 '동등한 품격의 지성'은 프랑스 문단에서 가장 소중히 다루어졌다. 그녀의 살롱은 "1750년 이전에도 계몽사상가들이 주로 드나들었으며 조프랭 부인을 제외한 다른 살롱의 여주인들은 계몽사상가들과 마찬가지로 종교에 관한 한 회의적이었다"13)는 디드로의 말과 같이 매우 계몽적인 살롱이었다. 뿐만 아니라 탕생 부인은 루이 15세의 태만을 공개적으로 비난하였으며, 프랑스 혁명을 예견한 최초의 인물 가운데 한 명이다. 그리고 그녀의 살롱은 손님들에게 가장 두드러지게 '동등한 품격의 지성'을 요구함으로써 평등사회를 선구한 곳이었다.

조프랭 부인의 살롱

18세기 후반 어느 살롱보다 이름이 나있있던 살롱은 조프랭 부인(Mme. Geoffrin, 1699~1777)의 살롱이었다. 그녀의 본명은 마리 테레즈 로데(Marie Thérèse Rodet)이고 어머니가 남동생 루이를 낳다가 죽었을 때 한 살이 조금 넘었으며 7살에는 아버지마저 여의고 파리의 할머니 댁에서 자랐다. 할머니는 글을 읽고 쓸 줄 아는 것 이외에 학문하는 것을 아주 싫어했으며, 교육의 가치에 대해서도 회의적이었다. 따라서 조프랭 부인은 어린 시절부터 학교 공부로부터 해방된 상태에서 자유롭게 책들을 읽으며 자랐다.

조프랭 부인은 14세에 자신보다 34살이나 많고 왕실 소속의 판유리제조업체인 생 고뱅 회사의 지배인이었던, 돈은 많으나 지능이 다소 모자란 프랑수아 조프랭과 결혼했다. 신앙심이 깊고 유순한 그녀는 남편의 마음을 사로잡았으나 남편에게 육체적으로 헌신하는 생활에 지나지 않았다.[14] 그녀는 18세까지 소녀다운 삶의 진지한 태도를 유지했으며, 그녀의 세대와 당시 사교계의 여성들이 추구했던 몸지장에도 관심이 없었다.

그러나 생 토노레 가에 있는 탕생 부인의 살롱이 유명해지

면서 주변사람들의 권유, 사교계에 대한 호기심과 필요성을
내세워 조프랭 부인은 탕생 부인의 살롱에 갈 수 있도록 남편
으로부터 어렵게 허락을 받아냈다. 그녀는 거의 20년 동안 탕
생 부인의 살롱에 드나들었다. 그것은 살롱의 주인이 되기 위
해 경력을 쌓으려는 조프랭 부인의 소망에서 나온 것이었다.
그녀는 탕생 부인이 죽자 비로소 1749년 생 토노레 가 372번
지에 있는 자신의 저택에 살롱을 개장했다. 당시 네케르는 조
프랭의 지원을 받고 공부했으며 후일 살롱을 개장하는 레스피
나스 양은 조프랭 부인의 살롱에서 정규적으로 식사를 했다.
조프랭 부인이 탕생 부인의 살롱에 출입했을 때, 탕생 부인은
"조프랭 부인이 왜 여기 오는지 아십니까? 내가 가진 재산 중
무엇을 떠맡을까 하고 오는 것이지요"라고 말한 것처럼 그녀
는 당시 '살롱의 인기'에 대단한 호기심을 가졌던 것이다. 19
세기 프랑스 문학가이며 평론가인 생트 뵈브는 그녀의 문학
살롱은 당시 살롱들 가운데 최고의 구성과 운영방식을 보여주
었으며 18세기의 제도나 다름이 없었다고 칭송하였다.

　　조프랭 부인은 일주일에 두 번 예술가와 문인들을 자기의
살롱으로 유치하기 위해 그들에게 맛있는 식사를 제공했다.
월요일 저녁에는 반 로, 부셰, 라 투르, 위베르 로베르 등의 화
가를 초대했고, 이들의 작품을 비싼 값에 사들였다. 그녀는 한
번에 60편 정도의 그림을 주문하는가 하면 결코 투기 목적은
아니었다고 하나 어느 날에는 4천 리브르를 주고 산 작품을
5만 리브르에 팔아 그 작가의 미망인에게 매매 이익을 돌려주

기도 했다. 그리고 수요일에는 마리보, 그림, 마르몽텔 등 문필가, 철학자들과 함께 백과전서파들을 오후 1시에 초대했는데 손님들은 맛있는 요리와 선택된 포도주의 행복감에 취해 저녁까지 즐겁게 대화를 했다.

그러나 70대의 남편과 살고 있는 30대의 살롱 주인이 젊은 예술가와 문인들을 초대하려면 남편의 오해를 받지 않도록 신중을 기해야 했다.

"부인: 여보 당신은 퐁트넬 씨, 몽테스키외 씨를 우리 집에 초대하는 것을 영광으로 생각하지 않으세요.

남편: 좋아요, 딱 한 번 만이요.

부인(얼마 후에): 당신은 우리가 마리보 씨를 초대해도 좋겠지요?

남편: 아니오! 그것이 가능하겠소? 어느 날 저녁 마리보가 이탈리안 극장에서 당신에게 수작을 걸었단 말이오! 그는 나를 조금도 즐겁게 하지 않았소. 나는 그가 꼬치꼬치 캐묻는 것들을 전혀 이해할 수 없었소.

부인: 아! 마리보 씨는 이제 막『마리안느의 일생』을 출간했어요. 나는 그것을 읽지 못했어요. 나는 그것이 나쁜 책이라고 들었어요. 그와 같은 말을 할 수 있는 바보는 어떤 위인일까요.

남편: 좋소, 좋아, 그를 초대하시오.

부인(그 다음에): 학식 있는 비리뇽, 퐁트넬 씨와 함께 그렇게 많은 발견을 하고 많은 언어를 알고 있는 생 피에르 신부는 어떻겠어요!

　　남편: 차라리 그의 성무일지를 읽는 것이 나을 것이오.

　　부인: 더 이상은 다투지 맙시다. 그는 모든 사람들의 행복을 원합니다.

　　남편: 그만 둡시다! 나는 폭군이 아니오. 당신은 당신의 마리보, 당신의 신부 그리고 그 이외에 다른 사람들도 초대하시오. 그러나 단 한 번 만이오. 잘 들었소?

　　부인: 제가 그렇게 하도록 약속할게요.”15)

　이처럼 조프랭 부인은 손님을 초대하는 과정이 힘들었지만, 그녀의 살롱은 나날이 활기가 차고 인기가 높아졌다.

　조프랭 부인은 ‘철학하는 시민계급’이었으며 다른 살롱의 여성들과는 달리 순박하고 겸허한 ‘교양여성’의 분위기를 풍기고 있었다. 그녀가 진실과 겸손으로 손님을 맞이했기 때문에 그녀의 살롱은 성황을 이루었다. 전형적인 프랑스 로코코 문학 살롱은 모두가 유능한 여성들의 역할이 주축을 이루었는데 그 대표적인 것이 바로 이 조프랭 부인의 살롱이었다. 그녀는 많은 재산으로 예술가들을 대대적으로 후원했다. 그녀의 남편은 사실 문필가와 철학자들에게는 그다지 관심이 없었으나 다만 나이 어린 아내를 위해 최선을 다해 후원했다. 그리고 그는 항상 살롱의 ‘아비튀에’의 한 사람이 되어 테이블 끝에 앉아 있었다.

　조프랭 부인의 살롱에서는 종교문제뿐만 아니라 정치문제

까지 확대하여 다루었다. 조프랭 부인의 애칭은 '마마'였다. 여기에는 볼테르, 루소, 돌바크, 엘베시우스는 물론 탕생 부인의 단골손님이었던 퐁트네이유, 몽테스키외, 달랑베르, 갈리아니 등이 매 수요일마다 모였다. 그리고 독일의 그림, 영국의 역사가 기번, 철학가 데이비드 흄이 출입하였다. 이렇듯 유럽여러 나라의 왕족, 귀족 등이 찾아들었으므로 유럽 제1의 살롱이라는 소문이 났다. 그러나 조프랭 부인은 디드로와 볼테르를 별로 좋아하지 않았다. 하지만 달랑베르가 디드로와 함께 『백과전서』를 발간하다가 판금조치를 당하자 20만 프랑을 익명으로 출판사에 보냈으며 그것의 일부를 자신의 살롱에서 작성하게 했다.

조프랭 부인의 살롱은 멀리 러시아까지도 이름이 나있었다. 그것은 스타니수아프 아우구스투스 포니아토브스키와 우정을 맺게 된 것에서 연유한다. 그들은 스타니수아프가 20세 때 조프랭 부인의 살롱에 초대되어 어머니와 같은 보살핌을 받은 후부터 가까워졌으며, 후에 그는 1764년 러시아 여제에 의해 폴란드 왕으로 임명되었다. 조프랭 부인이 1766년 오스트리아 황후 마리아 테레지아를 만난 후 스타니수아프를 만났는데 그는 감동하여 "엄마가 오셨군요"라고 했다고 한다. 그리고 러시아의 예카테리나 여제의 어머니 안할트 공주에게 조프랭 부인이 파리에서 보여준 후대와 우정으로 예카테리나 2세와 편지교환이 시작되었으며, 그것은 조프랭 부인의 살롱에서 경건하게 낭독되었다. 따라서 조프랭 부인의 명성으로 폴란드, 오스트리아, 러시아 등 동유럽 국가의 명사들이 그녀의 살롱에 찾아와 교제를 했고, 동시에 그들은 살롱문화를 전파하는 '전령사'들이 되었다. 생트 뵈브는 조프랭 부인의 살롱을 '유럽 최초의 교육기관들 중의 하나'로 불렀다.[16] 따라서 그녀의 살롱은 그 구성과 운영방식에서 18세기의 표본이 되었다.

데팡 부인의 살롱

데팡 부인(Mme. Du Deffand, 1697~1780)의 어렸을 때 이름은 마리 비쉬 샹롱이었다. 일찍이 고아가 된 그녀는 당시 명문가의 딸들이 다니는 마드렌 드 트레스넬 수녀원에서 어린 시절을 보내면서 종교에 대해 의구심을 갖게 되었다. 따라서 모든 종류의 독단론에 반항했고, 회의에 찬 무신앙으로 학우들과 선생님들을 당황케 하는 경우가 많았다.

22세에 아무런 감정도 없이 먼 사촌인 오를레앙 가문의 육군 소장 뒤 데팡 후작과 결혼했으나, 가정불화로 그녀의 결혼생활은 오래가지 못했다. 그녀는 오를레앙 공작의 애첩이었던 파라베르 부인, 부르봉 공작의 정부였던 프리와의 친분을 통해 팔레 로와얄의 저녁 식사와 무도회에 초대받으면서 파리 궁정의 방탕한 생활 속으로 자연스럽게 빠져들었으며 정부들을 거느리게 되었다. 그녀는 아름다움, 우아함, 재치로 섭정 필립 오를레앙 공을 사로잡았으나 그들의 관계는 14일밖에 지속되지 못했다. 그녀는 화려한 저녁파티에도 초대되는 등의 호화로운 생활을 즐겼지만, 만족을 느끼지 못했다.[17] 우울증으로 무료함을 느낀 그녀는 '새 옷을 갈아입는 즐거움을 느끼기 위해 옷을 갈아입듯이' 애인들을 갈아 치웠다. 1723년 섭정이 죽자 후원의 힘을 잃고 고독해진 그녀는 중년에 이르러 에노라는 나이 많은 기업가와 깊은 관계를 맺고 사교의 범위를 넓혀 나갔다.

네팡 부인은 에노의 소개로 뒤 맨느(Maine) 공작부인이 죽을 때까지 약 20년간 연회장으로 이름난 소 궁(Cour de Sceaux)에 드나들면서 섭정의 사생아 베리 공작부인, 미르프와 후작부인을 사귀고 춤, 가면놀이, 수천 가지의 오락으로 성공을 거두면서 '아름다운 여인'이라는 명성을 얻었으며 철학가, 지식인, 문필가들과 교분을 맺었다. 그녀는 받은 편지를 그녀의 편지 속에서 설명하고 저자와 그 시대를 비평했다. 그것은 그 당시 모든 문학작품에 대한 일반적인 비판정신과도 같은 것이었으며, 다른 한편으로는 조프랭 부인에 비해 그녀의 유별난 성격을 반목하는 저자들에 대한 악의에서 비롯된 것이었다.

데팡 부인은 뒤 맨느 공작부인이 죽자마자 파리로 이주하여 생 조셉 수녀원에 거주하면서, 1747년 미나리아제비꽃 문양의 벽지를 바르고 거기에 잘 어울리는 커튼을 달아 살롱을 연 뒤 차양 문양으로 둥글게 휘어진 커다란 안락의자에 앉아 손님들을 접대하였다. 사람들은 그녀의 우아함과 고상함으로 가득 찬 모습, 빈찍이는 눈에 환호의 찬사를 보냈다. 심지어 그녀가 지나가는 마차 주변에 50년 동안 '사교계의 팬'들이 모이고 환호성을 지르는 것이 상례가 되었다.

데팡 부인은 조프랭 부인의 살롱과 라이벌 관계로 35년간이나 대립했으며, 특히 그들은 파리에 살거나 자주 드나드는 외국의 저명인사들을 자신들의 단골손님으로 만드는 데 보이지 않는 각축전을 벌였다. 따라서 데팡 부인의 살롱은 영국의 시인·계몽사상가들의 저술과 사상을 프랑스 교양인 사회에 전달하는 데 크게 기여했다.

데팡 부인의 살롱에는 영국의 명사들이 많이 드나들었으며, 따라서 데팡 부인의 살롱은 외국의 명사들이 모여 교제하고 사상을 토론하며 정보를 교환하는 '지적 거래소'가 되었다. 당시 데팡 부인은 디드로와 루소를 싫어했으며 볼테르를 높이 평가하고 자주 서신을 교환하였다. 당시 볼테르는 이념투쟁의 최전선에서 영국의 존 로크, 데이비드 흄, 아이작 뉴턴 등과 치열한 논쟁을 벌이면서도 데팡 부인에게 열렬한 편지를 보냈다. 데팡 부인은 르와르 강변에 있는 아름다운 수르스 성에 머물 때에는 볼링브로크 각하의 살롱에 자주 드나들면서 볼테르를 만났다. 거기에서 볼테르와 '지적 우정'을 맺고 볼테르가 사망할 때까지 재기 발랄한 서신을 교환했다. 볼테르의 편지에는 연상의 여자 친구가 지닌 탁월한 정신력에 대한 찬미가 가득했고, 두 사람이 주고받은 편지에는 두드러진 문학성이 잘 나타나 있다.

데팡 부인의 살롱은 '엄격하고 우아한 예법'을 존중하면서도 살롱의 자유로운 분위기를 유지했다. 그녀의 살롱에서는 지성이나 재치와 거리가 먼 것은 모두 이상한 것으로 취급하였으며 예절을 갖춘 '재치 있는 언어술'이 크게 각광을 받았다. 지극히 풍자적인 대화와 과감한 역설이 살롱 대화의 미덕이었다. 데팡 부인이 자신보다 20세나 연하인 달랑베르에게 각별한 호의를 베풀었던 것도 그가 지성적이었을 뿐만 아니라 손님들 가운데서 가장 출중한 언어 구사력을 가지고 있었기 때문이었다. 데팡 부인의 살롱은 파리를 지나가던 외국인들에게 옛 프랑스와 새로운 프랑스의 이미지를 발견할 수 있게 해주었다. 1751년 바스 경은 "나는 어느 날 저녁 이곳에서 영국의 역사에 관해 대화를 나누던 중 대다수의 살롱 손님들이 우리 영국인들이 알고 있는 것보다도 영국사를 더 잘 알고 있었다는 사실을 깨닫고 놀랐으며 당혹했다"[18]라고 한 것을 보아도 당시 데팡 부인이 운영하던 살롱의 수준을 짐작할 수 있다.

데팡 부인은 57세에 완전히 실명했으나 살롱의 명성과 문학상의 명사로서의 활동은 계속되었다. 그녀는 68세에 48세인 영국 귀족 호러스 월폴과 교제를 시작했다. 그는 영국 수상 리차드 월폴의 셋째 아들로 이미 27세에 영국의 하원 의원을 역임했으나 정치에는 취미가 없었다. 프랑스 사교계의 지적이고 세련된 모습을 가까이서 보기 위해 파리를 방문한 그는 긴 얼굴에 귀여운 손을 가진 이 조그만 부인에게 매력을 느끼지 못하고, 오히려 그녀를 방탕한 정신을 가진 노부인으로 간주했다. 그러나 곧 그는 볼테르가 말한 대로 데팡 부인이 '통찰력이 있는 장님'이라는 것을 깨달았다. 그는 우아함과 용기, 뛰어난 재치가 힘차게 생동하는 시력을 잃은 그녀의 눈에 매료되었다. 그녀 또한 감동을 주는 음색과 억양을 가진 매력 있는 그의 목소리에 감동하고 그를 사랑했다. 월폴은 꾸밈이 없고 섬세하며 소박한 고령의 데팡 부인에게서 풍기는 향취에 '인생의 고고학'을 느끼며 매료되었다. 두 사람의 교제는 상상을 초월할 정도로 거의 매일 이루어졌으며, 권태와 고독 그리고 인간의 모순에 대한 허탈함을 서로 위로했다. 월폴은 그의 별장인 스트로베리로 돌아오자마자 데팡 부인과 편지왕래를 시작했다. 15년 동안 월폴과 1,500페이지, 볼테르와는 소책자 한 권이나 되는 분량의 편지를 주고받았다고 하는데, 그 중 955통이 남아 있으며 그것들은 심리학적으로나 사회학적으로 가장 흥미로운 편지로 평가된다.

1777년 10월 6일 데팡 부인이 죽자 달랑베르, 토마, 모를레 등의 지식인들이 추도사에서 그녀의 공로를 찬양한 바와 같이[19] 그녀의 살롱은 유럽지성의 교류장이자 집산지로서 가장 두드러진 역할을 했던 것이다.

그라피니 부인의 살롱

그라피니(Mme. Graffigny, 1695~1753) 부인은 로렌 공작 레오폴드 1세의 친위대장 디상부르의 외동딸이다. 그녀는 로렌 공작의 시종이었던 프랑수아 위게 드 그라피니와 결혼하였으나, 너무 거칠고 폭력적인 남편의 성격으로 많은 고통을 받다가 결국 이혼했다. 그 후 그라피니 부인은 확고한 판단력, 예민한 감수성과 친절하며 원만한 성격으로 볼테르, 샤틀레 부인 등과 사교가 이루어졌다. 볼테르와 샤틀레 부인도 그녀를 진실하고 충실한 친구로 환대했다. 스타니슬라스 왕의 작가 드보(Devaux)와 그녀의 충실하고 애정 어린 우정의 편지는 사교계의 지식인, 재사, 상냥한 여자들이 참석한 가운데 뤼네빌 궁에서 읽혀지기도 했다. 그라피니 부인의 서간집은 왕의 친구인 부풀레르 가문의 미발표된 작품들 가운데 포함되어 있는데, 그것들은 세 개의 부분으로 나뉘어져 있다. 그 중 첫째 부분에서 필자는 호화로운 실내장식, 주인들의 사치스런 생활, 그들의 화려하고 거창한 문학적 혹은 사교적 만찬을 소박한 문체로 당시 살롱문화에 대해 세밀하게 설명하고 있다.

그라피니 부인은 사교모임에서 우아한 모습과 재치를 발휘해 주변을 황홀하게 했으며, 타고난 문학적 재능을 인정받아 1745년에는 『신사들의 문집』에 대한 글을 쓰게 되었다. 이때 그녀는 「에스파냐의 소식: 나쁜 예는 악덕뿐만 아니라 미덕을 낳는다」를 썼으나 높은 평가를 받지는 못했다. 그녀는 자존심이 상했지만 조용히 세련된 문체로 잉카제국의 영광을 찬미한 『페루 여인의 편지 Lettres d'une Péruvinne』를 써서 상당한 성공을 거두게 된다. 곧이어 그녀는 테아트르 프랑세에 5막으로 된 『타고난 재능 Genie』을 넘겼고, 관객들을 다시 한번 감동시켰다. 그녀의 명성은 널리 외국까지 알려졌으며, 특히 헝가리, 보헤미아의 황제와 황후가 그녀에게 찬사를 보내고 경의를 표했다.

그라피니 부인은 소공녀(petites princesses)들을 위한 일련의 희곡을 써달라는 청탁을 받았고, 이 작품들이 궁중에서 상연되면서 그녀의 생은 전환기를 맞이하게 된다. 황제는 젊은 귀족들에게 미치는 단순하고 도덕적인 주제들에 대한 감동을 감안하여 그녀에게 1,500리브르의 증서를 보냈다. 이러한 황제의 배려로 그녀는 왕자와 공주들과 서신을 교환하고, 살롱을 열었다. 그녀의 살롱에는 데팡 부인과 샤틀레 부인의 살롱에서 만날 수 있는 18세기의 명사들이 드나들었다. 그녀는 살롱에서 엘베시우스에게 조카딸 미네트를 소개하여 결혼을 성사시키기도 했다. 그라피니 부인은 살롱의 손님들에게 즐거움을 주기 위해 글을 쓰고 공연을 하는 등 부단한 노력을 했다. 이외에도 그녀가 『개』『아리스토텔레스의 딸』 등을 써서 상연함으로써 살롱에서의 창작활동에 대한 모범을 보이기도 했다.

샤틀레 부인의 살롱

샤틀레 부인(Mme. Châtelet, 1707~1749)의 본명은 가브리엘 에밀리이며, 루이 14세의 궁정에서 대사들의 안내자인 아버지의 도움으로 어려서부터 좋은 작품들을 많이 읽었다. 그녀는 일찍부터 영어, 이탈리아어, 라틴어를 배웠으며, 과학에도 재능이 있어 대수학자인 메지에르로부터 격려를 받기도 했다.

에밀리는 19세에 30세가 된 보병연대장 샤틀레와 결혼했다. 그녀는 왕비의 수행원으로 왕비가 앉은 의자를 접는 '담드 타브레(dame de tabouret)'였으며 지적인 용모와 태도로 사람들의 눈길을 끌었다. 이 시대는 정사와 방종이 왕좌의 주변에서 활개를 치고 있었기 때문에 샤틀레 부인도 다른 귀부인들처럼 궁정의 나쁜 관행에 빠져들게 된다.

어린 소녀였을 때 집에서 볼테르와 부딪친 적이 있는 샤틀레 부인은 27세에 볼테르를 다시 만난다. 당시 볼테르는 대단한 명성을 얻고 있었으며 빌라르 공작부인, 코르상블뢰 양, 오로르 드 리브리 양, 아드리엔느 르쿠브뢰르 양과 연인관계에 있었다. 그런데 샤틀레 부인을 만난 볼테르는 그녀의 매력에 마음이 흔들렸다. 그 옛날 그녀가 어렸을 때 볼테르의 무릎에 뛰어오르는 모습을 연상하게 되면서 이성을 잃기 시작했다. 궁정과 도시의 사람들은 이 두 사람의 관계에 대해 수군거렸고, 그녀는 왕비의 수행원직과 더불어 파리와 파리의 경관들, 베르사유와 그 호화로운 축제를 모두 버리고 볼테르를 따라 오탱에 근처의 몽죄로 갔다. 그들은 그곳에서 리슐리외 공작과 기즈 양의 결혼식에 참석했는데, 그때 볼테르의 작품 가운데 가장 유명한 『영국사람들에 대한 편지 *Les Lettres sur les Anglais*』가 고등법원에 고발되었고, 그것을 출판한 조르가 바스티유 감옥에 투옥되었다는 소식을 듣게 된다.

볼테르는 친구들로부터 망명의 독촉을 받고 로렌 국경으로 피신했으며, 그곳에서 스위스의 빌르로 갔다가 소요가 잠잠해진 후에 시레로 돌아왔다. 거기에서 샤틀레 부인은 볼테르와 다시 결합하여 15년 동안 함께 살았다. 여기에서 볼테르는『알지르 *Alzire*』『처녀의 노래 』『교황의 하얀 슬리퍼』등을 썼다. 샤틀레 부인과 볼테르가 함께 지낸 아파트는 18세기의 가장 멋진 우아함을 자랑하는 가구를 갖춘 호화저택이었다. 그러나 볼테르가 사치와 예술에 대해 변명한『사교계의 사람 *Mondain*』을 출판하자 그에 대한 박해가 시작되어 1736년 말 네덜란드로 피신하면서 한동안 어려움을 당하기도 했다. 이때를 제외하고 샤틀레 부인의 살롱에서 개최하는 회합에 볼테르는 빠짐없이 참석하는 우정을 보였다. 샤틀레 부인의 살롱은 유명한 수학자 모페튀, 비평가 데퐁텐느 신부, 샤틀레 부인을 위해 기하학의 기본원리를 저술한 과학 아카데미의 클레로, 대철학자 엘베시우스, 유명한 수학자 베르눌리 등이 단골손님이었다.

샤틀레 부인은 살롱을 찾은 손님들을 즐겁게 하려고 재치 있는 말과 재미있는 연극을 생각했다. 따라서 그녀의 살롱에서는 비극, 희극, 익살극 그리고 인형극까지도 상영되었다. 여기에서 볼테르가 포복절도할 이야기와 함께 환등기를 보여줌으로써 분위기는 절정으로 치닫게 되었다. 그러므로 그녀의 살롱은 문학적 토론이나 대화보다는 공연 위주의 살롱이었던 특징을 지니고 있었다.

레스피나스 양의 살롱

레스피나스 양(Lespinasse, 1732~1776)은 데팡 부인 오빠의 사생아이다. 그녀는 달봉 백작부인이 간통해서 낳은 딸이다. 레스피나스의 아버지를 탕생 추기경이라고 하는 사람들이 아직도 있으나 사실은 데팡 부인의 오빠 가스파르 드 비쉬의 딸이다. 레스피나스는 언어, 문학, 과학을 열심히 공부했다. 그러나 자라면서 어머니의 비밀과 가족관계를 알게 되자 마음의 고통을 이기지 못하고 가출할 결심을 했을 때 고모인 데팡 부인이 그녀를 거두어 파리로 데리고 왔다.[20] 레스피나스는 살롱에서 계몽사상가들에게 매료되면서 성장하기 시작했다. 그녀의 살롱은 '부티크 데스프리'였다. 소박한 예절로 손님을 맞이했으며 작곡가 글루크에게 품었던 뜨거운 흠모는 그녀의 살롱을 후일 등장한 음악살롱의 기원이 되게 했다.

레스피나스의 살롱에서는 달랑베르가 정신적 구심점 역할을 했으며 아카데미 회원, 백과전서파, 궁중 사람, 문인, 종교인, 군인 등이 초대되었다. 그녀는 이들로부터 사랑을 받았다. 그녀는 무엇보다도 자신을 눈에 띄게 하는 매혹적인 재주를 가지고 있었다. 이들은 대개 저녁 6시에서 밤 10시까지 벨샤스 가에 있는 그녀의 단촐한 집에서 만났고, 그 다음에는 데팡 부인의 늦은 만찬에 참석했다. 철학자이자 교육사상가인 콩도르세와 콩디악 그리고 많은 외국인들이 레스피나스의 단골손님들이었다. 여기에서 영국의 데이비드 흄과 프랑스의 루소를 알게 되었으며, 종종 그들은 영국과 프랑스의 지성을 주제로 토론에 들어갔다. 그림이 말한 바와 같이 레스피나스의 살롱에서는 일반적으로 재미 있는 대화가 오고갔는데, 사람들은 적당한 주제라고 판단되면 비밀을 지켜달라는 요구도 하지 않고 거침없이 사담을 하곤 했다.

레스피나스의 살롱은 자유롭고 다채로운 분위기 속에서 백과전서파들의 최신 지식은 물론 문학, 철학, 정치 등에 대한 주제를 체계에 얽매임 없이 자유분방하게 토론하였다. 그녀가 유명해진 것은 첫째, 그녀의 '살롱이 백과전서파 학자들의 실험실'이 되었던 것이고 둘째, 자신이 성장한 구체제와 그 사회의 규범에 충실하면서 낭만주의로 이어지는 새로운 생활 양식을 수립하는 데 선구적인 역할을 했기 때문이었다.

레스피나스는 일생 동안 대단히 규칙적인 생활을 했다. 아침에는 편지를 쓰고 책을 읽었으며, 개인적으로 아주 가까운 특별한 방문객 이외에는 거의 사람을 만나지 않았다. 그녀는 월요일과 수요일을 제외하고 매일 2시에 조프랭 부인의 집에서 달랑베르와 함께 식사를 하면서 행복한 시간을 보냈다. 오후에는 몇몇 친구를 방문하고 시장을 보며, 음악회나 전시회에 갔다. 그리고 일반적으로 6시부터 10시까지 손님을 접대했다. 그녀는 가끔 조프랭 부인처럼 살롱에 대한 일을 잊고 한가로이 지낼 때 이외에는 평생을 그렇게 살았다.

레스피나스는 자기와 같은 처지의 사생아인 달랑베르를 자기 집에 데려와 12년간 살게 하면서 그에게 행복을 안겨주었다. 그녀를 찾아온 두 번의 열정은 그녀의 삶을 생기 있게 했으나 또한 절망에 빠뜨렸다. 하나는 스페인의 모라 후작과의 사랑이었는데, 6년이 흐른 뒤 다시 레스피나스를 만나기 위해 파리로 가는 도중 모라는 결핵에 걸려 사망하고 그 일로 인해 그녀는 삶의 의미를 잃게 된다. 다른 하나는 기베르 백작을 향한 사랑이었으며 그녀는 그의 배신에 큰 상처를 받았다. 그렇게 11년 연하인 기베르 백작에게 바친 뜨거운 사랑과 수많은 편지들은 모두 무용지물이 되었다. 기베르 백작에게 보낸 레스피나스 양의 편지들은 13세기 엘로이즈가 그의 스승 아벨라르에게 보낸 사랑의 편지와 비유되기도 한다. 특히 그녀는 기베르 백작의 결혼 소식을 듣자 모든 삶을 포기했고, 결국 1776년 당대 가장 유명했던 살롱의 문을 닫고 만다.

그러나 자유롭고 다채로운 대화와 토론문화가 조성되었던 레스피나스 양의 살롱은 프랑스 살롱문화의 모델이 되어 오늘날까지 전해오고 있다는 것을 결코 간과해서는 안 될 것이다.

네케르 부인의 살롱

네케르 부인(Mme. Necker, 1739~1794)의 살롱은 18세기 가장 순수한 살롱으로 알려졌다. 이 살롱은 랑부이에 부인의 살롱에서는 찾아볼 수 없는 경제이론가, 정치가, 철학자, 학자, 저널리스트는 물론 저명한 외국인들까지 드나들어 코스모폴리탄적인 분위기를 느끼게 했다. 아버지가 목사였으므로 네케르 부인은 어려서부터 상당히 좋은 교육을 받았고, 시골의 작은 문학 아카데미의 자랑이었다. 결혼 후 파리에 정착했지만 어린 시절 목가적 생활과 너무 차이가 나서 힘들어 했다. 네케르 부인은 남편을 사랑했고, 그의 출세를 돕고 싶어 했다. 금융업으로 당시 사회를 주름잡고는 있었으나 존경받지 못하는 남편이 안타까웠던 그녀는 사교모임을 하거나 예술가들을 후원하는 것이 남편을 출세시킬 수 있는 지름길이라 생각하고 그 길로 뛰어 들었다.

살롱을 개장한 네케르 부인은 손님들과 나눌 화제를 주도면밀하게 준비했다. 세심하고 자상한 성품에다 실수를 싫어했으므로 살롱은 번성해 갔다. 네케르 부인은 샤스텔류 후작과는 그의 저서 『공공의 복지』와 『아가트』에 대해 그리고 앙지비예 부인과는 사랑에 대해 이야기하는 등 모두를 즐겁게 했다. 네케르 부인은 종종 마르몽텔, 레날, 모를레 등 단골손님들에게 '문학회'에 대한 글을 썼다. 그리고 당시 유명한 조프랭 부인의 살롱의 월요일과 수요일, 엘베시우스 살롱의 화요일, 돌바크 살롱의 목요일과 일요일을 피하기 위해 금요일에 모임을 갖는 등 살롱운영에 세심한 주의를 기울여 경쟁력을 강화하고 인기를 얻었다.[21]

네케르 부부에게는 제르맨느라고 하는 외동딸이 있었다. 제르맨느는 아주 어렸을 때부터 어머니의 살롱에 출입하였다. 그녀는 항상 살롱 한쪽 구석에서 책을 읽고 있거나 손님들을 바라보고 있었다. 가끔 단골손님들이 호기심에서 그녀의 공부나 읽고 있는 책에 대해 물으면 놀랄 만큼 아주 우아하게 대답을 했다. 제르맨느가 처녀가 되자 네케르 부인을 능가하는 살롱의 꽃이 되었다. 네케르 부인의 살롱은 메모에 규정된 대로 대화의 예법이 정해져 있었으나, 제르맨느는 그에 따르지 않았다. 살롱에서 훌륭한 인물들이 중심이 되어 '중요한 토론'을 하는 동안 그녀는 살롱의 구석에서 대단치도 않은 사람들과 어울려 잡담을 즐기기 일쑤였다. 제르맨느의 이야기가 워낙 흥미진진하고 재기가 넘쳤기 때문에 뷔퐁, 마르몽텔, 저널리스트이며 평론가인 그림, 디드로, 작가 생 피에르 등이 종종 토론 그룹에서 슬그머니 빠져나와 그녀의 곁으로 다가갔다. 네케르 자신도 한쪽 귀로는 딸의 대화를 들으며 미소를 짓지 않을 수 없었다고 한다.

제르맨느는 1786년 파리주재 스웨덴 대사와 결혼한 후에도 네케르 부인의 살롱의 꽃으로 남아 있었다. 그녀는 이제 스타엘(Staël) 부인이라고 불리어진다는 점만 달라졌다. 그녀는 미모에다 돈, 양친의 애정, 사교계에서의 지위, 대신이었던 아버지, 가장 훌륭한 교육과 재능을 모두 갖추고 있었다. 프랑스혁명과 함께 세상이 변하자 제르맨느도 스타엘과 여유 있게 행복한 시간을 보내며 본인의 이름으로 책을 출판하는 등 명성을 얻기도 했다. 그러나 이러한 행운에도 불구하고 그녀는 행복하지 않았다. 게다가 혁명 이후 살롱문화의 쇠퇴와 더불어 제르맨느의 살롱 역시 예전만큼 활발한 토론문화가 형성되지 못했다.

이 외에도 브리슈 부인의 살롱과 데피네 부인의 살롱에서는 다른 살롱에 비해 높은 열정을 살롱의 손님들에게 보였다.[22] 그리고 맨느 공작부인의 살롱, 그라피니 부인의 살롱, 샤틀레 부인의 살롱 등이 이름이 나있었다. 또한 19세기에는 앙슬로 부인의 살롱, 로이네 부인의 살롱, 니나 드 빌라르의 살롱, 카이아베 부인의 살롱, 라쉴드의 살롱, 마틸드 공주의 살롱, 파올리네 폰 메테르니히 부인의 살롱 등은 프랑스 정치사와 문화사에서 빠뜨릴 수 없는 역할을 했다.

특히 마틸드 공주의 살롱은 그녀가 자부하듯이 나폴레옹 시절의 정신적 유산의 전달자와 새로운 사고의 개척자로서의 역할을 톡톡히 했다. 그녀는 종종 "프랑스 혁명이 없었다면 나는 아쟉시오 거리에서 오렌지를 팔고 있었을 것이다"라고 하면서 나폴레옹 시대에 대한 자부심을 자랑했다. '나폴레옹 기념관에 가듯이 그녀의 살롱에 갔다'라는 말처럼 나폴레옹을 추앙한 사람들은 대부분 그녀의 살롱의 단골손님이었다. 따라서 그녀의 살롱에는 플로베르, 공쿠르 형제, 알렉상드르 뒤마를 비롯해서 생물학자인 베크렐과 파스테르가 드나들었다. 그녀는 엥그르, 귀스타프, 도레, 가바르니 등의 화가, 나달 등의 사진작가 그리고 문인들을 각각 재능에 따라 후원하여 사람들은 그녀의 살롱을 때로는 메디치 궁과 비교하기도 했다. 또한 메테르니히 부인의 살롱은 메테르니히가 1859년 파리주재 오스트리아 대사로 오면서부터 시작되었다. 그녀는 나폴레옹 3세의 궁전과 아주 가깝게 지냈으며, 그르넬 가에 있는 오스트리아 대사관으로 유명인사들을 초청하여 사교의 장을 열었다. 자유분방하고 낙천적인 그녀는 때때로 자신이 연출한 공연,

외설적인 노래, 캉캉과 비슷한 춤으로 손님들의 박수갈채를 받았다. 그녀는 문학뿐만 아니라 음악에도 관심이 많아 나폴레옹 3세를 설득하여 파리 오페라에서 공연할 정도였다. 따라서 마틸드 공주의 살롱과 메테르니히 부인의 살롱은 당시 프랑스 여성들에게 정신적 활기를 불어넣었으며, 현대 살롱문화 발전에 기여한 바가 컸던 것으로 여겨진다.

살롱의 소수문화, 남성 살롱

존중에서 자유로, 남성들의 살롱

살롱은 여전히 여성들이 중심이 되었으며, 17세기 귀부인들이 운영하던 때와는 달리 18세기에는 보다 총명하고 활동적인 여주인들이 자신의 방식대로 살롱의 모습을 바꾸고 대화를 이끌어 갔다. 여성들은 남성들에게 친절과 예의라는 이름 아래 자기들을 존중해 줄 것을 요구했다. 예를 들면, 조프랭 부인의 단골손님이었던 마르몽텔이 펠레티에의 집에 초대된 사람들과 함께 한 만찬을 상기하면서 한 말에서 그러한 내용을 엿볼 수 있다. "조프랭 부인의 사교계는 내가 가장 중요하게 생각하는 매력의 하나를 결여하고 있는데 그것이 바로 '사상의 자유'이다. 그녀는 마치 강아지들을 끈에 묶어 끌고 다니는 것처럼 우리들의 정신을 마음대로 조종하려 한다. 나는 그녀를 기쁘게 하기 위해 만찬에 참여했다. 그런데 펠레티에라고 하는 총괄징세청부인은 매주 8-10명의 친구들에게 자유롭다 못해 차라리 방탕한 것이라 할 수 있을 정도로 즐겁게 놀 수 있도록 해주었다."[23]

모를레는 조프랭 부인의 만찬과 남성들의 사교를 비교하면서 남성들의 사교계가 보다 비판적이고 자유롭다고 말했다. 그는 "조프랭 부인의 집에서 식사를 한 후, 우리는 종종 틸르리에서 달랑베르, 레날, 엘베시우스, 갈리아니, 마르몽텔, 토마 등과 함께 모여 그곳에서 다른 친구들도 만나고, 소식을 듣고, 정부를 비난하고, 모든 관심사에 대해 토론했다. 우리는 친구들과 함께 원을 만들어 큰길가의 나무 아래에 앉아 우리가 숨을 쉬는 공기처럼 활기차고 자유로운 대화에 빠져들어 갔다"고 말했다. 이처럼 남성들이 여성들의 살롱에서 사교하는 데는 분명히 한계가 있었다. 그리고 완전히 자유롭지 않았다. 그것은 남자 지식인들이 사교생활에서 지식과 향락을 함께 추구하려 했기 때문이다. 그리고 카페와 달리 살롱을 찾아 즐기는 사람들은 귀족과 상층 부르주아들이 주류를 이루었으므로 살롱의 분위기는 자연히 우아하고 귀족적인 대우와 대화를 지나치게 요구했기 때문이기도 하다.

따라서 보다 사유롭고 신랄하게 대화하며 마음과 몸을 풀수 있는 또 다른 공간이 필요했는데, 이것이 바로 남성 살롱이었다. 남성 살롱은 여성 살롱에 비해 극히 적은 수에 불과했으며, 그 중에 돌바크의 살롱과 엘베시우스 살롱이 대표적이었다. 따라서 데팡 부인이 레스피나스 양과의 관계를 끊었을 때, 이것을 계기로 계몽사상가들은 데팡 부인의 살롱에 발걸음을 끊었다. 마르몽텔과 모를레 신부가 말한 바와 같이 그들은 조프랭 부인의 집에서도, 프로테스탄트의 교육으로 두드러진 네케르 부인의 집에서조차도 완전히 자유롭게 말할 수 없었다. 그들은 여성들의 살롱과 다른 형태로 그들 자신의 모임을 가졌는데, 사람들은 그랑발에 있는 돌바크의 집에서 조프랭 부인과 만났다. 여기에 돌바크와 엘베시우스의 부인이 남자 손님들과 어우러져 대화를 함으로써 남성 살롱의 기원이 되었다.

돌바크의 살롱

1760년대 이후 계몽사상가들은 자신들이 남성 살롱을 만들기 위해 여성들이 주도하는 살롱에서 벗어났는데, 클로드 뒤팽, 알렉상드르 드 라 포프리니애르, 폴 앙리 디트리쉬, 돌바크(d'Holbach, 1723~1789) 등이 개장한 살롱이 그 대표적인 남성 살롱이었다.

돌바크는 독일의 부유한 상인가문에서 태어났으며, 라이프치히 대학에서 수학한 유물론자이자 반 교권주의자였다. 그는 프랑스로 귀화하여 디드로, 루소 등과 교제하였으며 백과전서파에 속하게 된다. 그의 집과 디드로의 집은 종종 계몽주의의 사회학적 의미에 대한 문제를 제기했다. 당시 생토노레 가에서 결성한 모임은 엘리트와 지식인들에 의해 안내된 사회적·정치적 개혁의 전망을 담은 코뮌을 생각하는 정신을 만들었다.[24)]

마르몽텔은 돌바크의 살롱을 상기하며 여성들의 사교계는 정신적인 면에서 자신의 흥미를 끄는 점이 있는데, 그것은 자신의 정신을 강화하고 자신의 사상을 고상하게 하려는 네 소홀하지 않는다는 것이었다. 그러나 자신의 사상은 남성의 사교계에서 풍요로워졌으며, 남성 사교계의 정신은 자신에게 열정과 계몽의 빛으로 스며들었다고 말했다.

돌바크의 살롱은 조프랭 부인의 단골손님들 가운데 주요인사의 일부로 그리고 조프랭 부인이 자신의 만찬에 초대하기에는 지나치게 문제가 있는 대담한 몇몇 주요 인사들 가운데 일부로 구성된 사교계의 모임이었다고 한다. 그의 살롱은 매주 두 번, 일요일과 목요일에 정규적으로 만찬을 개최하였다. 이 살롱은 다른 살롱의 만찬에 참석하는 데 지장을 주지 않았고, 10-20명의 문필가, 사교계의 인사 그리고 외국인들이 지적인 것을 애호하고 계발하였다. 진수성찬에 값진 포도주와 커피가 곁들여졌고 많은 토론이 있었으나, 결코 말다툼은 일어나지 않았다. 이성적이고 교육받은 사람들이 모인 자리인 만큼 무례한 일로 품위를 떨어뜨리는 일은 없었다. 사람들은 경박하지 않으면서도 즐거운 살롱의 분위기에 매료되어 참여했다. 모임은 대개 오후 2시에 시작되어 저녁 7-8시까지 계속되었으며 대화와 토론이 벌어졌다.25) 돌바크가 조프랭 부인과 절친한 사이였지만, 돌바크의 살롱에는 조프랭 부인으로부터 푸대접을 받은 인사들이 많이 드나들었다. 그리고 살롱 중에 가장 자유롭기로 정평이 나 있기 때문인지 정치와 종교가 논의될 때는 대담하고 독창적인 생각들이 제기되었다. 루소, 마르탱, 코르(Kors) 등이 말하고 있듯, 돌바크의 살롱은 계몽사상가들에게 부인들의 판단, 여성 살롱의 강제규정 그리고 계몽사상가들의 사상, 신념, 열정 사이에서 발생하는 충돌로부터 탈출하는 피난처를 제공했다. 왜냐하면 굿맨이 말한 바와 같이 부인들의 살롱의 규정들은 자유로운 연설, 솔직한 진술, 토론을 제한했으며, 지나치게 충실하고 끈질기게 언쟁하는 것을 정중하지 못한 것으로 생각했기 때문이다.

따라서 다니엘 모르네의 지적처럼 엘베시우스나 돌바크의 살롱에서는 대담한 이야기가 오가기 시작하였다. 특히 종교에 대한 주제가 이 살롱에서 열기를 띠고 있었다. 돌바크의 살롱에서 갈리아니는 하루는 신을 찬양하는 연설을, 그 다음날은 즉흥적으로 신을 부정하는 연설을 하기도 했으며, 디드로는 예로부터 숭상되어 오던 모든 것을 신나게 우롱하면서 일체의 구속으로부터 벗어나는 대화의 내용을 생생하게 보여주기도 했다. 따라서 마르몽텔은 매력적인 여성이 운영하는 사교계의 진가를 인정하면서도 돌바크의 살롱에서 벌어지는 남성적인 토론에 훨씬 매력을 느끼며 그 가치를 높이 평가하였다. 돌바크의 살롱에서는 신분이나 종파 또는 정치적 이데올로기와 관

계없이 철학자와 상층 부르주아지 그리고 귀족까지도 하나가
되어 철학에 구심점을 두고 대화가 진행되었다는 점이 특기할
만하다.

엘베시우스의 살롱

엘베시우스(Helvétius, 1715~1771)는 파리에서 태어났으며
아버지가 의사였다. 그는 로크의 사상을 좋아했으나 돌바크처
럼 유물론에 기울어져 있었다. 그는 『정신론』(1758) 『인간론』
(1772)을 썼으며 교육과 입법으로 인간을 개조할 수 있다고 주
장하기도 했다. 엘베시우스의 살롱은 돌바크 살롱의 모임과
날짜는 달랐으나 대화의 주제와 시간은 거의 같았다. 그곳에
서의 대화는 돌바크의 살롱에 비해 수준도 낮고 알맹이도 별
로 없어 인기가 적었던 것으로 알려져 있다. 모를레 신부가 엘
베시우스와 돌바크의 살롱을 비교한 것을 보면, 엘베시우스의
살롱은 돌바크의 살롱에 비해 대화가 '좋지도 않았고 인기도
적었다.' 모를레 신부는 철학자들을 방해하는 엘베시우스 부
인의 품성을 역설적으로 주장하기도 했다.26)

엘베시우스 살롱에는 조프랭 부인의 살롱에 출입하는 유명
인사들과, 너무도 무모하고 대담하여 조프랭 부인의 살롱출입
이 제한되어 있는 사람들 모두가 출입하였으나 돌바크 살롱에
서처럼 자유롭지 못하였다. 그것은 엘베시우스 부인이 좋아하
는 사람은 잘 접대했지만, 그녀의 흥미를 끌지 못하는 사람들

은 외면했기 때문이다. 특히 그녀는 자신의 재능, 미모, 재치를 지나치게 내세워 분위기를 망칠 때가 많았기 때문에 손님들은 이 여인을 '공주병'에 걸린 것으로 취급하였다. 게다가 그녀는 철학적인 대화를 아주 싫어했으며, 언제나 살롱 한 구석에서 그녀의 가족 중의 한 사람과 낮은 목소리로 수군거리듯 계속 이야기를 하고 있어 손님들에게 좋은 인상을 주지 못했다.

그러나 "1760년 돌바크의 살롱과 엘베시우스의 살롱에서, 그리고 네케르 부인의 살롱에서 더욱 대담한 주제를 다루었다"[27]라고 모르네가 말한 것처럼 엘베시우스 살롱이 비록 수준이 낮고 알맹이가 없는 대화를 했던 것으로 평가될지라도 이전의 살롱과는 달리 금서처분을 받은 도서나 정치와 철학에 관한 문제들을 다루었다. 따라서 엘베시우스 살롱은 돌바크의 살롱과 더불어 당시에 유행하던 아카데미와 여러 가지 협회, 독서클럽, 프리메이슨, 카페 등과 더불어 지성과 문예를 창출하고 전파하는 전초기지의 역할을 했던 것이 확실하다. 그리고 이 당시 아카데미가 계몽사상의 정식적인 토론과 전달의 광장이었다면, 돌바크의 살롱과 엘베시우스의 살롱은 여성 사교계에서 다루지 않았던 정치·종교·철학에 대한 토론의 광장이었다는 데 의미가 있다. 또 다른 면에서 보면, 이들의 살롱은 18세기에 이르러 비록 소수이기는 하지만 여성들이 살롱을 통하여 성취하려 했던 문화적·사회적 진출과 남성 지배의욕에 대해 남성들의 입장을 보여주는 역할을 했다고 볼 수 있다.

또한 엘베시우스와 돌바크의 살롱에서 정해진 날에 모임을 갖는 것 이외에도 각자가 자유롭게 모임을 조직했으며, 대화는 살롱의 틀에 맞추지 않는 경우도 많았다. 계몽사상가들은 함께 산보하고, 들놀이를 하면서 살롱에서처럼 대화를 할 때도 많았다.

살롱을 통한 계몽사상의 전파

계몽사상과 혁명정신의 기원

계몽주의 시대의 살롱은 '자기중심이 강한 남성들(ego mas-culins)'이 무사 무욕한 여성들의 후원으로 조화 있게 모여든 장소였다. 이 시대 유럽에서는 살롱을 통해 계몽사상이 한층 수월하게 전파될 수 있었으며, 프랑스는 여전히 '살롱 네트워크'의 중심지였다. 그렇게 된 이유 중의 하나는 '재녀'들이 바라던 바와 같이 프랑스어가 그 잠재력을 손색없이 발휘했기 때문이다. 전문학자들조차 프랑스어를 거부할 수 없었고, 외국의 상류사회에서도 프랑스어를 즐겨 사용했다.

18세기 중반에 이르러 살롱은 자연스럽게 작가, 예술가 그리고 이들 작품의 공명판이 되었다. 그리고 전문가, 학자, 예술가들에게 공간을 제공하면서 주제와 토론에서 두드러진 독창성을 나타내기 시작하였다. 살롱에 드나드는 사람들 중에는 이미 계몽활동을 하고 있던 저술가, 학자, 예술가들이나 앞으로 계몽활동을 할 사람들이 대부분이었다.

살롱에 출입하자면 무엇보다도 자기소개서가 필요했다. 즉, 최소한 몇 명의 사교계 인사들로부터 인정을 받아야 했으며 그렇지 않으면 출입이 제한되었다. 살롱을 출입하는 사람들은 대개 오후 늦게 아니면 밤에 많이 모였다. 그곳에 모이는 사람들은 대부분 자신들의 한가한 시간을 사교생활에 이용하고자 하는 사람들이었다. 살롱에서 그들은 아주 다른 사회계층에 속해있는 것처럼 자유로운 대화를 했다. 시골의 신사에서부터 직책이나 업무로 베르사유 궁을 드나드는 대검귀족(nobless d'épée)들까지 그들의 신분은 다양했다. 그 중에도 빌라 가문, 브랑카스 가문, 보보 가문, 뤽상부르 가문, 몽모랑시 가문, 라 로슈푸코 가문의 사람들이 많았다. 법복귀족(nobless de robe)으로는 몽테스키외, 말쉐르브 등이 살롱의 손님이었다.

1750년 뒤클로가 말한 바와 같이 통치정신은 런던에서, 풍속은 파리에서 만들어졌다. 풍속은 귀족계급과 부르주아 계층을 통합하고 평등하게 만들고 있었다. 지배계급의 화려한 생활과 출신에 대한 자존심에도 불구하고, 책들은 살롱과 이름 있는 서클을 통해서 서로 공간대를 이루고 생활환경을 연결시키고 있었다. 이러한 현상은 프랑스 혁명이 일어나기 반세기 전부터 활발하게 진행되어 정치·사회·종교·경제 등 각 분야에 걸쳐 새로운 사회사상을 형성하고 있었다. 역사적으로 볼 때 살롱은 18세기에 왕의 특권 붕괴, 여성들의 영향력 증대, 정보의 제공에 필수적인 역할을 하였다. 따라서 살롱은 여성들이 사회적 위치를 확보하면서 영향력을 행사할 수 있도록 하고 새로운 지식을 전달하였을 뿐만 아니라 저술가와 대중 사이에서 가교 역할을 하였다. 살롱의 문객들은 진지한 비평가들이 했던 것처럼 저술가들의 자만과 세상의 무관심을 모두 바로잡고자 했다. 그리고 코저의 말과 같이 18세기의 살롱은 여성독자층을 상대로 하여 보다 폭넓은 서적시장을 개척할 수 있게 하였다.

따라서 살롱 덕분에 총명한 여성들은 비록 간접적이기는 하지만 문학과 예술적 삶의 시련과 고뇌, 불행과 영광을 공감할 수 있게 되었다. 따라서 살롱은 여성들을 남성들과 또는 바깥세상과 연결시키는 역할을 하였다. 살롱은 비공식적인 장소로 공식적인 모임에 비해 상대적으로 자유롭게 사상을 교환하고, 얼굴을 맞대고서 눈과 눈, 표정과 표정, 몸짓과 몸짓, 억양과 억양, 음색과 음색의 다양하고 실감나는 표현으로 효과 있고 확실하게 의사전달을 했으며, 나아가서 사회개혁의 의지를 도출하는 역할을 하였다. 게다가 사교생활을 하지 못하는 사람들을 위해 살롱에서 행해진 일과 대화를 모두 잘 알 수 있도록 정기적으로 수집하였는데, 이것이 바로 「문학통신 *Correspondances litté-raires*」과 「누벨 아 라 맹 *Nouvelle à la Main*」이라는 신문의 기원이 되었다. 이처럼 살롱은 주로 담론하는 사교장이면서도 문예소식을 전달하는 '송신소'의 역할도 하였다.

계몽사상과 살롱

18세기에는 살롱과 함께 문학단체, 프리메이슨 조합, 클럽, 카페 등에서 사람들은 지식계층으로서 결합할 수 있게 되었으며 신분에 관계없이 모든 참석자들은 평등한 관계 속에서 거침없는 대화를 나누었다. 따라서 살롱은 계몽사상가들의 '사상의 결투장'이 되었다. 동시에 살롱은 계몽사상을 전파하는 후원자의 역할을 하였다.

퐁파두르 백작부인의 초상화에서 그녀가 책을 손에 들고 있는 장면을 볼 수 있고, 세비네 부인의 탁자 위에는 항상 몽테뉴의 『수상록』이 놓여 있었던 것처럼 살롱의 여주인들은 책을 보며 저술가들과 교분을 맺고 때로는 이들의 출판을 지원함으로써 가난한 계몽사상가들이 용기 있게 저술활동을 할 수 있도록 후원하기도 했다. 그녀들은 계몽사상가들의 생계를 뒷받침해주는 한편, 관직이나 연금을 알선하고 아카데미회원으로 추천하였으며 출판물의 검열, 판금, 신변의 위협 등으로부터 작가들을 보호해 주었다. 굿맨에 의하면 살롱은 가장 먼저 출판의 전권을 장악했다. 심지어 음악에 관한 일을 포함해서 새로운 포럼에서 살롱이 가장 먼저 합법적으로 기득권을 가졌다. 살롱에서 수사본을 읽는 것은 현존하지 않는 사람들을 살롱에 참여시키는 것이었다. 예를 들면, 콩도르세 덕분에 현존하지 않는 튀르고가 레스피나스 살롱에 참여했다. 살롱에서의 낭독은 단지 엄격한 검열에 의해 요구된 차선의 선택도 아니고, 단순히 낭독자에 대해 18세기 지적 생활의 엘리트주의를 반영하는 것도 아니다. 확실히 출판이 개인적인 낭독이나 필사본의 사적 회람보다 더욱 위험했을지라도 살롱에서 비밀스런 것은 아무것도 없었다.

살롱의 여주인들이 처음부터 계몽사상을 전파하겠다는 목적을 가지고 살롱을 개장한 것은 아니었다. 그러나 그들이 의도했든 의도하지 않았든 간에 그들 스스로가 교양을 넓히고, 나아가 살롱에서 얻은 새로운 지식을 전달하는 전령사의 역할을 자연스럽게 하게 되었다. 브뤼넬(L. Brunel)이 『프랑스 언어와 문학사』에서 "파리에서는 여성들을 통하지 않고서는 아무것도 할 수 없다"라고 말한 탕생 부인의 말처럼 데피네 부인의 살롱에서는 디드로가 주도권을 잡았고, 네케르 부인의 살롱에서는 박물학자 뷔퐁이 주름을 잡고 있었다. 한편 볼테르는 처음에 샤틀레 부인의 살롱에서 우상이 되었다가 나중에는 데팡 부인의 살롱에서 우상이 되었다. 백과전서파 사상가들은 재기 넘쳤지만, 쉽게 격분하는 신참회원들이었으므로 살롱의 여주인들은 온갖 임기응변을 동원하여 이들이 사교계의 예의를 준수하도록 만들어야 하는 어려움도 있었다.

18세기 프랑스의 살롱은 영국, 스위스, 덴마크, 독일, 폴란드, 러시아, 이탈리아, 에스파냐 등에서 온 외국인들 또한 많았다. 탕생 부인의 살롱에는 볼링브로크, 체스터트, 데팡 부인의 살롱에는 월폴, 네케르 부인의 살롱에는 나폴리의 카라치올리, 데피네 부인의 살롱에는 독일의 그림과 나폴리 대사의 비서 갈리아니, 소와젤 부인의 살롱에는 플로렌스의 의사 가티, 덴마크의 장관 글라이헨, 스위스의 장관 크러이츠 등이 드나들었다. 이 당시 살롱에서는 외국의 풍물에 대한 대화가 끊이지 않았으며 정치·군사·외교 등에 관하여도 상당히 무게 있는 대화들이 오고갔던 것으로 추정된다.

18세기 후반에 이르러 문학의 성격이 변한 것처럼 살롱의 성격도 점점 변화되었다. 1750년경부터 문학의 내용변화와 함께 살롱의 성격이 변화되었으며, 살롱의 수와 그 중요성이 날로 늘어났고, 화제도 이전과는 달리 예술이나 도덕에 관한 것이 아니라 과학, 정치, 사상, 사회문제 같은 것들로 바뀌어 갔다. 이와 같은 현상은 아카데미도 비슷하여 회원들이 대부분 계몽사상가들로 바뀌었는데, 그것은 아카데미의 현상논문 수상자들의 대부분이 바로 계몽사상가였기 때문이다. 또한 이들은 모두 살롱의 단골손님들이기도 했다.

사람들이 살롱에 가는 것은 이제 단순히 사교만을 위해서가 아니라 파당을 조직하여 행동하고 또한 여론을 자기들 편으로 유도하기 위한 것이었다. 예를 들면, 맨느 공작부인의 살롱에서는 주로 정치문제를 논했고, 랑베르 부인의 살롱에는 매주 화요일마다 정치에 관심이 있는 몽테스키외, 마리보, 라모트 같은 문인들이 초대받았는데 좌장은 언제나 퐁트넬이었다.[28] 이처럼 좌장도 여성에서 남성으로 바뀌게 되면서 문예나 사교 위주의 모임에서 점차 철학과 정치분야로 그 토론의 주제도 전향되었다. 따라서 살롱에서는 자연히 프랑스 혁명의 기본정신이 길러졌다.

그리고 공식적인 정통교리의 주창자들이 당시 아카데미를 이끌어가는 동안 과학적 합리주의와 종교적 회의주의가 슬그머니 스며들었다. 사실 랑베르 부인은 바로 '계몽사상가란 무엇인가'라는 질문에 가장 먼저 대답을 할 수 있었던 살롱의 여주인에 속했다. 이 살롱에서 정의된 계몽사상은 모든 권위에 이성을 부여하는 것이고, 모든 권리에 이성을 돌려주는 것이다. 그것은 전통과 권위의 사슬에서 이성을 구원하는 것이었다. 사람들은 랑베르 부인의 살롱이 아카데미언의 대기실이 되었다고 한다.29)

코저가 말한 바와 같이 비록 계몽사상가들이 살롱을 자신들의 토론의 광장으로 삼았고, 충분히 계몽되지 않는 세상에 대해 대항하는 전초기지로 삼았을지라도 어떤 저술가들은 살롱에서 불가피하게 수반되는 제한들에 대해 짜증을 내기도 했다. 그러나 살롱을 통한 이들의 안면은 후일 프랑스 혁명에서 하나의 혁신적 동지가 되도록 했다는 사실도 간과해서는 안 될 것이다.

프랑스 살롱문화의 유럽 전파

1713년 위트레히트 조약이 체결되면서 프랑스어가 유럽의 공용어가 되었다. 프랑스의 나폴리 대사였던 카라치올리 후작이 『파리, 외국인의 모델 또는 프랑스 풍의 유럽』(1776)이라는 소책자에서 "옛날에는 로마 풍이었으나 오늘날에는 프랑스 풍이다"라고 한 것과, 「세기의 조락 Au Décline du Siècle」이라는 논문으로 베를린 아카데미에서 수상한 리바롤(Rivarol)이 "옛날 로마의 세계와 같이 18세기는 프랑스의 세계"라고 말한 것처럼 18세기에는 프랑스어와 프랑스 풍습이 유럽 전체에 파급되고 있었다.[30] 따라서 18세기 파리에서 시작된 '뷔로 데스프리'와 '부티크 데스프리'는 시대와 국경을 넘어 모든 유럽 살롱의 좌표가 되었다. 이들 살롱들에서 시작된 궁정귀족과, 문단의 대표인 계몽사상가와 예술가들의 만남으로 탄생한 새로운 '살롱 엘리트 문화'가 전 유럽에 확산되어 유럽의 문화와 생활양식에 큰 영향을 미쳤다.

독일은 유럽에서 프랑스와 제일 가까이 위치해 있으면서도 가장 적대적인 나라이다. 따라서 독일의 살롱도 파리의 살롱을 모델로 하고 있었지만 파리의 살롱과는 상당히 다른 모습을 하고 있었으며, 그것은 순수 문학과 예술의 교류장으로 탈바꿈되었다. 프로이센의 프리드리히 1세의 아내 소피 도로데와 그의 아들 프리드리히 2세는 프랑스 문화를 좋아해 그것을 독일에 전파했다. 프리드리히 대왕의 질녀이며 작센 바이마르 공작부인인 안나 아말리아도 프랑스 문화를 독일에 전파하는 데 큰 몫을 하였다. 군국주의적 군주 프리드리히 1세와 달리 왕비 도로데는 몽 비주라는 작은 성에서 남편의 생각과는 전

허 다른 세련된 소규모의 모임을 가졌다. 그리고 그의 아들 프리드리히 2세는 재능이 많았던 왕자였다. 그는 플루트 연주, 호머에서 코르네이유에 이르는 온갖 종류의 독서와 프랑스 풍의 회화에 출중하였으나, 모국어인 독일어에는 오히려 서툴렀고 어머니와 비슷한 취향을 보였다. 그리하여 부왕으로부터 항상 '반항아요 프랑스 문화 애호가'라는 비난과 함께 아버지의 업적을 망쳐놓을 위인이라는 괴롭힘을 당했다. 그리고 그는 18세에 부왕의 엄격함에서 벗어나고자 프랑스를 거쳐 영국으로 탈출하려던 계획이 탄로나 친구 헤르만 폰 카페가 참수되는 끔찍한 장면을 목격하게 되었다.

비록 탈출에는 성공하지 못했으나 그는 결혼과 더불어 부모로부터 얻은 라인스베르크 성에서 프랑스 풍의 자유로운 생활을 즐기면서 볼테르와 서신을 교환하기도 했다. 그리고 드디어 그는 1740년 볼테르와 직접 만나 인생의 고뇌를 벗고 상수시 궁에서 함께 살기로 했다. 그러나 그것도 잠시뿐 3년 뒤에 찾아 온 경제적 위기와 모페튀와의 불화로 볼테르가 프로이센을 떠나고 1786년 프리드리히 2세도 세상을 떠났다. 비록 프리드리히 2세의 생은 불행했으나 문학 살롱의 독일 전파에 결정적인 역할을 했다.

프랑스에 살롱문화가 있었다면, 영국에는 그와 유사한 성격의 커피하우스가 있었다. 영국이나 프랑스에서 이것들은 처음에는 문예비판, 그리고 후에는 정치비판의 중심지가 되었다. 여기에서 귀족주의적 사교와 부르주아적 지식인들 사이에서 교양층이 형성되기 시작했다.[31] 그러나 커피하우스에는 남성만이 출입할 수 있었던 데 반해 살롱은 여성에 의해 주도되면서 남녀가 모두 출입할 수 있는 사교장이 되었다.

영국에는 그 활동이 우세한 프리메이슨 결사단과 고유한 문학 커피하우스가 있었으므로 문학 살롱의 탄생은 상당한 방해를 받고 있었다. 따라서 프랑스에서 유행했던 문학 살롱의 역할을 영국에서는 커피하우스가 이어받았다. 커피하우스는 서클에의 자유로운 참여를 가능하게 했을 뿐만 아니라 중산층의 보다 넓은 계층, 심지어 수공업자와 소상인들까지도 포함하고 있었다. 프랑스의 '세련된 예절'을 영국에 전파한 것은 앙토완 아밀통 백작이었다. 그는 찰스 1세가 처형되고 난 후 스튜어트가를 따라 프랑스로 가서 맨 공작부인의 살롱에 출입했다.

살롱이 최초로 영국에 토착하게 된 이유는 시인이자 문필가였던 알렉산더 포프에게서 찾아 볼 수 있다. 영국 고전주의의 대표자인 포프가 커피하우스에서 털어놓는 자유분방한 담화와 신랄한 풍자는 혁명보다 더 강력한 힘으로 런던 사교계를 변화시켰다. 특히 1719년 런던 근교 트위켄햄에 별장을 마련하고 런던문학 카페를 개장한 것이 계기가 되었는데, 그곳에서 그는 문필가, 정치가, 왕자들을 정기적으로 만나 정치와 예술에 대한 토론을 했다. 그것이 바로 후일 영국 살롱의 전신이 되었다.

올버니 백작부인은 로마에서 태어났으며 스튜어트 가문의

최후의 인물로 칼 에드워드의 아내이다. 그녀는 살롱을 통하여 영국의 세계주의적 기질을 다른 나라에 심었다. 그녀는 뉴턴, 볼테르, 루소 등에 심취되었고, 1774년 피렌체로 건너가 지금의 성 클레멘테 가에 위치한 구아다키 저택에 살롱을 개장했다. 그리고 그곳에서 그녀는 이탈리아 극작가로, 부유한 귀족가문의 비토리오 알피리오(1749~1803)를 만났다. 그녀는 1784년 남편과 헤어지고 남편이 죽자 파리로 와 부르고뉴 저택에서 살롱을 열고 모임을 가졌다. 마르몽텔, 라 아르프, 보마르셰 등이 이 살롱에 드나들었다.

1792년, 그녀는 알피리오와 함께 피렌체로 가서 매주 토요일마다 마리 앙트와네트로 변장하고 살롱을 열었다. 그러나 알피리오가 그녀의 부정함을 알고 '화병'이 나서 죽자 조각가 카노바와 함께 피렌체 살롱을 이끌어 갔다. 그녀는 프랑스, 이탈리아 문필가들과의 폭넓은 대화와 활동으로 프랑스 살롱의 유럽화에 기여한 바가 크다.

혁명시대의 살롱문화와 그 역할

혁명사상의 산실

코젤렉의 주장처럼 절대주의와 계몽주의의 대립으로부터 부르주아 사회와 프랑스 혁명이 발생하였다. 절대주의는 계몽주의의 천재적 재능을 잉태했고, 계몽주의는 프랑스 혁명의 정신적 지주가 되는 '주권재민론' '자유평등론'을 제시했던 것이 사실이다. 그는 책 서문에서 지적 활동에서의 비판주의와 정치에서의 절대주의가 모두 종교전쟁을 일으켰다고 주장하였다. 그러므로 18세기 계몽사상은 이러한 절대주의 속에서 성상했다. 18세기에 발견된 가장 위대한 관념 가운데 하나는 "인간에게는 무한한 가능성이 있다"는 것이다. 그리고 그 가능성에 의해 인간은 "환경을 개선하고 개선된 환경은 인간의 본성을 개선할 수 있다"는 것이다.

이러한 인간의 가능성에 대한 발견은 살롱을 통해서 추진되었다. 그것은 '지적 엘리트'들이 살롱에서 만나 토론하고 편지를 교환하면서 자라났던 것이다. 교회가 국가 속에서 또 하나의 국가로 군림했던 이전의 시대와 달리 18세기에 이르러서는 살롱이 사회 속에서 '지적 엘리트 사회'로 자리매김 되기 시작했다. 그것은 남녀가 사회적·신분적 제한을 받지 않고 모여 새로운 삶의 방식을 창출하는 '새로운 사회'였다.

물론 살롱의 여주인들은 작가나 문장가들이 아니었으므로 18세기는 물론 19세기 이전까지만 해도 여성들이 쓴 문학작품의 대부분은 질적으로 평범했다. 그것은 살롱의 도움이 있었다고 해도 과학이나 철학의 영역에 속한 장르를 충분히 흡수해 독창적인 작업을 할 수 없었기 때문이었다. 또한 더욱 어려웠던 것은 몇몇 미혼 여성작가들을 제외하고 살롱의 여주인들은 대개 귀부인들이었으므로 이들이 비록 살롱에서 자유로운 대화를 주고받았다고 하더라도 당시에 반사회적·정치적·종교적인 내용의 저술은 할 수 없었다. 세비네(Sévigné)의 말처럼 귀부인들은 자신의 글이나 책이 '서점에서 맞닥치거나' 또 더 나쁘게 자신이 서점에 모습을 드러내는 것은 예의 범절에 어긋날 뿐만 아니라 가문의 이름을 더럽히는 것으로 생각했다. 게다가 이 시대 프랑스는 파리 고등법원, 파리 신학대학, 파리 사교회, 재상의 직속으로 되어 있는 출판관리국 등 4개의 출판검열기관에서 이른바 불온서적에 대한 사전·사후 검열을 철저히 했으므로 당시 정치·사회·종교·풍습을 문란하게 하는 내용의 서적은 출판할 수 없었다. 따라서 이러한 책들은 영국, 네덜란드, 스위스 등에서 출판하여 은밀히 들여와 암암리에 배포되었고, 숨어서 읽어야 했다. 디드로는 1749년『맹인에 관한 서한』을 발표하여 1년간 벵센 감옥에서 고생을 했고, 루소는 1762년『에밀』과『사회계약론』을 출판하여 체포령, 금서령, 추방령을 받았다. 볼테르 또한 오를레앙 공과 루이 14세를 풍자한 작품으로 바스티유에서 11개월이나 옥고를 치렀는데, 이러한 예들은 바로 새로운 사상에 대한 당국의 억압에 의한 것이었다. 그러므로 이 시대는 주로 '편지'가 안전했으므로 '편지'를 통해 사상의 교류가 이루어졌다. 그리고 이러한 편지들의 내용이 살롱에서 '대화'를 통해 구체화되었던 것이다.

18세기 전기 '문학 살롱'은 18세기 후기 들어 철학과 정치 살롱으로 그 성격이 바뀌게 되었고, 여기에서 혁명사상이 배태되기 시작했다. 그것은 혁명을 먼저 경험한 영국 숭배사상이 18세기 프랑스를 휩쓸면서 가속화되었다. 살롱은 바로 영국사상의 숭배자들과 미국 독립혁명의 참여자들의 '아지트'가 되었으며, 그곳에서 무엇보다도 종교와 사상의 자유를 강도 높게 다루면서 혁명사상이 발아되기 시작하였다.

계몽주의와 19세기 낭만주의는 그 성격이 서로 다르지만, 인간과 사회변화라는 거대한 흐름의 공통성을 가지고 있으며 모두 살롱을 기반으로 형성되었다. 계몽주의는 역동적이고 혁명적인 잠재력을 만들어 냈고, 마침내 1789년 프랑스 혁명을 유발한 정치철학을 창출하였다. 그 중에도 루소의 '사회계약' 사상과 '일반의지론'은 프랑스 혁명가들의 정치교과서가 되었다.

이처럼 살롱은 계몽사상가들이 그들의 견해와 혁명사상을 교환할 토론의 광장이었으며, 충분히 계몽되지 않는 세상을 공략하는 전초기지였다. 뿐만 아니라 앞서 언급했듯이 살롱에서 익힌 이들의 안면은 후일 프랑스 혁명에서 하나의 동지가 되도록 했다.

사실 돌바크의 살롱은 1789년 직전에 사상적 '전투의 총사령부'와 같은 성격을 지녔다. 이처럼 돌바크의 살롱을 비롯하여 많은 살롱들이 프랑스 혁명 직전까지 점차 반체제적이고 당파적인 색채를 나타냈다. 그러므로 1789년의 프랑스 혁명은 여러 가지 원인으로 발발했으나, 살롱을 드나들던 귀족과 부르주아지의 지적 반란에서 비롯되었다고 해도 과언이 아니다.

혁명 시대 살롱의 역할

지롱드파는 혁명의 진행과정에서 점차 질서와 품위를 갖추었으며, 자코뱅들과 달리 너무 시끄럽고 무분별한 공개집회보다는 음식이 잘 차려진 식당이나 우아한 살롱 또는 향수냄새가 나는 여성적인 분위기 속에서 자신들의 취향에 따른 대화를 선호했다.[32]

귀아데, 장소네, 베르니오, 뒤코스, 콩도르세, 포세 등은 방돔광장 5번지에 있는 동인도회사의 부유한 중역의 아내 도댕 (Dodun) 부인의 살롱에서 거의 날마다 만났다. 그리고 뷔조, 바르바루, 그랑즈뇌브, 베르고앵, 아르디, 살르, 데페레, 리동, 르사즈, 몰르보 등의 의원들은 오를레앙 생토노레가 19번지에 있는 뒤프리쉬 발라제의 집에서 만났다. 이들은 클라비에르의 집, 페숑의 집, 팔레 로와얄의 식당, 롤랑 부인의 살롱에서도 만났다. 롤랑 부인의 만찬은 정규적으로 일주일에 두 번 내무부 장관의 관저에서 개최되었으며, 거기에는 지롱드파의 엘리트와 거물급 인사들이 참석했다. 그들은 바로 이곳에서 상대를 공격하는 큰 계획들을 마련했다.

물론 음모와 당파심의 냄새를 풍기는 당의 지도자들이 모여 은밀한 담소를 하는 살롱이 세인들의 선호와 존경을 받을 수는 없었다. 그들은 산악파로부터 비난과 공격을 받았으나 지롱드파의 모든 의원들이 살롱의 비밀회담에 참여하는 것은 아니었다. 살롱의 정치모임에서 배제당한 의원들은 롤랑 부인이나 도댕 부인 살롱의 단골손님들이 의정단상뿐만 아니라 의회의 여러 위원회와 사무국의 요직을 독점하였다는 사실을 알아차리면서 소외 감정을 억누르지 못하는 상황도 벌어졌다.

들라크루아의 「민중을 이끄는 자유의 여신」에서 보이듯이 볕에 그을린 다갈색 피부와 단단한 근육질로 다져진 '자유의 여신'이 당당하게 바리케이트를 넘어 힘차게 혁명군을 이끌고 있다. 이 '자유의 여신'은 프랑스 공화국의 상징인 마리안느의 화신으로 지금까지도 여전히 독보적인 이미지로 남아있다. 이처럼 '자유의 여신'을 내세운 것은 여러 가지 의미를 주고 있지만 여성의 역할을 의미하는 것이었으며, 그 가능성은 바로 살롱에서 길러졌던 것이다.

1794년 11월 18일 로베스피에르가 단두대에서 사라지기까지 사람들에게는 상퀼로트의 보잘것없고 허술한 복장이 인기를 끌었다. 그러나 테르미도르 반동 후에는 다시 '네오클레식'이라고 하여 여성의 몸매를 자연스럽게 드러내는 그리스와 로마 풍의 여성복장이 등장하기 시작했다. 그리고 민중의 소박한 생활에 대한 찬미보다 파티와 야외댄스가 성행하였고, 극장과 살롱의 사교생활을 다시 찾게 되었다. 그러나 다비드가 그린 「최고 존재의 제전 *Fête de l'Être suprême*」(1794)에서 보면 공화국의 새로운 이념을 찬양하면서도 여성은 흰옷을 입은 처녀의 모습으로 무리를 지어 있거나 아니면 화려한 사륜마차를 타고 가는 풍요의 여신으로 등장하고 있다. 혹은 무신론을 상징하는 요새를 활활 태워버리는 화염 뒤에서 자태를 드러내는 지혜의 여신으로 등장하기도 한다. 그러므로 아무리 활동적인 여성이라 할지라도 프랑스 혁명에서 실제적인 정치참여는 생각하지 않은 것으로 보아야 한다.

나폴레옹이 유럽을 정복하자 파리를 중심으로 정치적·문화적인 통일이 이루어지면서 살롱은 새로운 국면을 맞이했다. 노트르담 성당에서 거행된 그의 대관식 복장과 여인들의 의상이 말해주듯이 궁중을 중심으로 새로운 사치문화가 탄생되었다. 이 시대 프랑스 풍의 새로운 양식을 남긴 것은 이폴리트

르로와였다. 그는 조세핀을 설득하여 프랑스 의상의 새로운 모델을 만드는 데 성공했는데, 그것이 바로 살롱의 의상이 되었다. 나폴레옹은 '리옹을 유럽의 비단시장으로 하라'고 칙령을 내렸다. 그는 여성들에게 보다 사치스런 의상을 입도록 권고함으로써 보다 신속하게 양식을 변화시켰고, 살롱의 분위기도 이전의 화려한 모습을 되찾게 되었다. 당시 새로운 풍의 살롱문화를 꽃피운 것들 중 눈에 띄는 것으로 장리스 부인의 살롱, 스타엘 부인의 살롱, 레카미에 부인의 살롱을 들 수 있다.

장리스 부인의 살롱

장리스 부인(Mme Genlis, 1746~1830)은 파리뿐만 아니라 영국, 스위스, 독일 등지에서 활동하였다. 그녀는 프랑스 혁명 후 필립 에갈리테(오를레앙 공작)의 애인이 되었으며, 후일에는 '국민의 왕'이 된 그의 아들 루이 필립의 교사를 역임했다. 그녀는 1761년 파리에 있는 자신의 집에서 첫 번째 살롱을 개장하고 음악연주로 손님들을 즐겁게 했다. 그리고 1767년 백작부인으로서 그녀는 대규모의 살롱을 구체제양식으로 개장했다. 또한 1772년 오를레앙 공작의 애인으로 살롱을 경영하였으며, 1786년에는 계몽주의 시대 유행한 '대화'를 주로 하는 살롱을 경영했다. 그녀는 모두 열 개가 넘는 살롱을 개장했는데, 각각 분위기와 운영에 있어서 특색이 있었다.

어려서부터 음악과 연극을 좋아한 장리스 부인은 살롱에서도 주로 연극을 공연했다. 그녀는 처음부터 '살로니에르'로 성장하지 않았다. 그녀는 다른 살롱처럼 대화를 위해서가 아니라 자신의 연주와 연기에 대한 재능을 보여주기 위해 손님을 초대했다. 벨샤스 가에 있는 그녀의 살롱은 마치 코미디 프랑세즈와 흡사했다. 파리 문화계 인사들이 모두 그녀의 살롱으로 모여들었다.

장리스 부인은 책이라면 무엇이든지 읽었고, 배울 만한 가치가 있다고 판단되는 사람에게서는 어떤 방법이나 수단을 동원해서라도 찾아가 배우고 교훈을 얻었다. 그녀는 루소의 신봉자였으나 문학에서는 볼테르에 가까웠다. 그녀는 사교에만 몰두한 것이 아니라 살롱의 정경을 문학작품으로 만드는 작업을 하였다. 그녀는 『아델과 데오도르 또는 교육에 관한 서신』에 이어 1822년에는 『돌바크 남작의 만찬회』를 통해 사교계의 모습을 지극히 사적이고 풍자적인 방식으로 묘사하여 살롱문화에 새로운 장을 열었다.

장리스 부인은 오를레앙 공이 루이 16세의 처형에 찬동하는 당시의 정치상황을 당혹스럽게 느끼고 프랑스를 떠나 영국, 스위스, 독일 등을 두루 돌아다니며 방랑생활을 했다. 1798년 『가련한 망명자』의 출간을 통해 망명자의 비참한 생활을 보여주었고, 1799년 『여행자의 요람』를 통해 독일인의 생활습관을 프랑스 사람들에게 소개했다. 1800년 파리로 돌아와 프랑스의 살롱들이 '영국혁명'의 풍속을 따르고 프랑스의 '전통예법'을 버린 것을 보고 놀랐다. 나폴레옹이 그녀의 문학적 명성을 높이 평가해서 아르스날에 거처를 마련해 주자 즉시 그곳에 살롱을 열었다. 하지만 이 살롱은 '뷔로 데스프리'보다 사교 중심의 문학 살롱의 성격을 가지고 있었던 것이 특징이다. 그녀는 '문학여성'을 뛰어 넘어 철학과 교육에 관심을 둔 '여성해방운동'을 살롱을 통해 전개하였다.

스타엘 부인의 살롱

스타엘 부인(Mme Staël, 1766~1818)은 루이 16세 시대 재무총감이었던 네케르의 딸로 파리에서 출생했으며 소녀 시절에는 루이즈 제르맨느라고 불렸다. 제르맨느는 어려서부터 '재녀'다운 기질이 있었으며 그림은 이 소녀로부터 받은 감명을 그의 『문학통신』에 실었다. 그녀는 이미 15세때 『법의 정신에 대한 고찰』을 썼고, 레이날 신부는 그의 대작 『낭트칙령의 폐지』에 그것의 일부를 게재했다. 장 자크 루소의 죽음은 그녀로 하여금 『루소의 편지』에 관한 놀라운 글을 쓰도록 고무하기도 했다.[33] 그녀는 결혼 전에는 스웨덴 왕 구스타프 3세를 위해 문화통신지를 쓰는 일에 열중했고, 결혼 후에는 파리에서 개장한 문학 살롱에 전념했다.

스타엘 부인은 잠시나마 탈레랑과 연인관계였고, 작가 벵자멩 콩스탕의 열렬한 애인이었으나 나폴레옹과는 불구대천의 적대관계였다. 그녀의 살롱에 대한 식견온 남편외 출세를 위해 살롱을 개장한 어머니 네케르 부인의 살롱에서 터득한 것이었다. 그녀는 어린 나이에 이미 돌바크, 엘베시우스, 디드로 등 계몽사상가들과 교분을 가졌으며, 명예심이 많은 어머니 덕택에 '살아있는 도서관'으로 성장했다. 어려서 그녀는 어머니 곁에 있는 작은 나무의자에 앉아 저명 인사들에게 재치 있고 도전적인 대답을 하는 '프티 프레시외즈'였다. 그녀는 어려서부터 문화적 분위기뿐만 아니라 정치권과 권력의 줄다리기를 지켜보며 성장했다. 모반계획을 세운 것이 화근이 되어 한때 스위스로 망명길을 떠났다가 1801년, 다시 파리로 돌아온 그녀는 그르넬 가에 살롱을 개장하고 나폴레옹의 독재적인 과대망상에 대항하여 논쟁을 벌여 추방령을 받고 독일로 향했다. 그녀는 독일에서 『독일에 관하여』를 출판하려다가 프랑스로부터 출판과 판매금지령을 받아, 1813년이 되어서야 런던에서 그 책을 출판하게 된다.[34]

스타엘 부인이 독일을 여행할 때 베를린에서 루이제 왕비는 그녀의 총명함에 감탄했고, 그녀의 달변에 매료된 유대인들의 살롱은 그녀를 앞다투어 초대했다. 그리고 독일의 살롱 여성 헨리에테 헤르츠도 '스타엘 부인의 대화보다 생기 있고 재치 있는 대화는 상상하기 불가능하다'고 극찬했다. 스타엘 부인은 매주 금요일 저녁마다 명사들을 초청하여 파티를 열어 지성의 꽃을 피웠다.

10년간의 망명생활을 끝낸 후 스타엘 부인은 스위스에 있는 아버지의 코페 성으로 돌아갔다. 그녀는 프랑스 정부의 탄압으로 파리에 거주할 수 없었기 때문에 친구들이 그녀를 방문했다. 파리의 레카미에 부인, 프로이센의 아우구스트 왕자, 여류화가 비제 르브렝, 스위스의 역사학자 시스몽디, 작가 본 슈테덴, 독일 계몽주의 철학자 모제스 멘델스존의 딸인 헨리에테, 작가 티크, 프랑스의 정치가이자 철학자인 조셉 메스트 등은 그녀의 살롱에서 풍부한 대화를 나누고 편지를 교환했다. 따라서 그녀의 살롱도 유럽에서 가장 유명한 살롱이 되었으며, 유럽 각국의 사교계나 문학모임에 프랑스의 살롱문화를 전파하는 기지가 되었다.

나폴레옹이 패배하여 망명하자 스타엘 부인은 1814년 마침내 파리로 돌아오게 된다. 그녀의 새로운 살롱은 유럽의 저명한 모든 인사들을 끌어 모았다. 이틀을 파리에서 보낸 영국의 웰링턴도 하루 저녁은 당연히 그녀의 살롱에서 보냈고, 브르타뉴 출신의 시인이며 후일 외무장관이 된 프랑수아 드 샤토브리앙도 그녀의 살롱손님으로 묵어간 적이 있었다. 따라서 그녀의 살롱은 유럽의 문화와 사교를 대표하는 유일무이한 살롱으로 이름이 나있었다. 또한 손님들 중 일부는 그녀를 따라다녔으므로 '편력하는 살롱'으로도 명성이 높았다.

레카미에 부인의 살롱

레카미에 부인(Mme Récamier, 1777~1849)은 공증인이자 왕의 사문위원인 장 베르나르의 딸이며, 어려서는 쥘리에트 베르나르라고 불렸다. 그녀는 15세에 어머니의 애인이었던 42세의 은행가 자크 레카미에와 파리에서 결혼했다. 레카미에 부인은 1798년 남편이 네케르의 저택 구매건을 처리할 때, 스타엘 부인을 알게 되었다. 그 후 레카미에 부인은 11세나 연상인 스타엘 부인과 각별한 사이가 되었고, 일 년 후에 살롱을 개장하게 된다.

레카미에 부인의 살롱에는 베르나도토 장군, 메세나 장군뿐만 아니라 다비드와 제라르 같은 당시 유명한 화가들과 메테르니히 등과 같은 외교관들이 단골손님이었다. 문인들 중에는 상송 가수 르구베도 있었다. 그러나 매혹적인 미모와 기품으로 손님들을 사로잡은 레카미에 부인의 살롱은 스타엘 부인의 살롱과 달리 정치적인 중립을 취했으나, 왕당파적 색채의 복고기를 반영하고 있었다. 따라서 그녀의 살롱은 '문학애호가들의 피난처'이자 유럽문학의 성전이 되어, 정치적 대화의 모임들과는 달리 낭만적이고 예술적인 살롱으로 성장했던 것이 특징이다. 한편 스타엘 부인의 살롱과 레카미에 부인의 살롱은 유럽의 유행을 선도해 나갔는데, 사람들은 스타엘 부인을 모방해서 터번을 쓰고 다녔으며, 레카미에 부인의 펄럭이는 숄을 두르고 다니기까지 했다.

레카미에 부인은 생트 뵈브의 표현대로 '천사의 교태'를 지니고 있었다. 1807년 스타엘 부인의 살롱에서 만난 프리드리히 대왕의 조카 아우구스트 왕자는 레카미에 부인에게 이혼하고 자기와 결혼해 달라고 졸라댔다. 그리고 라발 공작, 벵자맹 콩스탕, 나폴레옹의 동생 뤼시엥 보나파르트 등이 레카미에 부인에게 연정을 품었다. 스타엘 부인의 생의 반려자였던 콩스탕과 그녀의 아들 오귀스트 드 스타엘 또한 스타엘 부인의 속을 뒤집을 만큼 레카미에 부인에 대한 연정을 표출하고 있었다.

레카미에 부인은 남편이 죽은 후 1819년부터 라베 오부아라는 옛 수도원에 머물면서 살롱을 개장했다. 샤토브리앙은 그녀와 사랑을 나누었으며 이 살롱의 가상 귀한 손님이었다. 그녀는 1823년 로마의 피아차 디 스파냐 그리고 이어서 피렌체에 각각 살롱을 개장했다. 1824년 샤토브리앙이 외무장관직에서 해임되자 파리로 돌아와서 다시 살롱을 열었다. 그러나 그녀는 샤토브리앙을 위주로 모든 것을 진행하였으므로 살롱은 예배당과 흡사했다. 샤토브리앙이 베를린과 런던 대사로 있을 때도 그녀는 샤토브리앙의 시 낭독회를 개최했다. 그녀의 살롱에는 작가와 시인인 발랑쉬 그리고 프레느, 노아유 공작, 네락 공작, 로메니, 토크빌, 살바니, 파스키에, 시인 르브랭, 몽탈랑베르, 교육법안자 팔루 등 당대의 명사와 거물들이 드나들었다. 그녀는 1849년 죽을 때까지 프랑스 살롱문화의 자존심을 지키고 그것을 유럽에 전파했다.

살롱의 문화사적 의미

　문화는 자연 상태에서 벗어난 사회의 구성원에 의해 습득·공유·전달되는 행동양식과 생활양식 그리고 사고방식의 총체이다. 그리고 그것은 다양한 배경을 가진 힘의 경쟁, 갈등, 타협의 역사적 과정 속에서 비로소 의미를 갖는 삶의 세계 전반에 걸쳐 작용하는 현실적 실천이다. 문화는 개인이든 사회든 경제가 안정되고 생활이 편안해야 형성되는 것으로 생각하기 쉽다. 그러나 문화는 이처럼 안정되고 풍요로운 생활에서보다 사회적·정치적·경제적·종교적·군사적·국제적 도전과 응전, 파기와 재건 그리고 그에 대한 고민 속에서 형성되는 경우가 많았는데 프랑스도 예외가 아니었다.

　프랑스 최초의 살롱인 랑부이에 부인의 살롱은 전쟁이 계속된 무인시대의 무질서와 거친 언행의 사회적 분위기로부터 탈출하기 위한 하나의 대화와 사교의 공간으로 개장되었다. 이처럼 프랑스의 근대 문화는 정치·경제·사회의 변동과 밀접한 관계 속에서 형성되었다.[35] 그러므로 위기를 긍정적으로 보든 부정적으로 보든 조르주 뒤비의 말과 같이 프랑스를 위대한 문화의 나라로 만든 것은 강력한 군주와 국가의 변동에 있었다고 볼 수 있다. 그러한 예는 엘리사베스 1세의 영국, 필립 2세 시대의 에스파냐처럼 강력한 절대 군주시대에 찾아 볼 수 있다. 프랑스는 프랑수아 1세(재위 1515~1547)가 이탈리아의 문화를 프랑스에 유입시킨 이래 앙리 4세(재위 1589~1610)를 거쳐 루이14세(재위 1643~1715)의 절대 왕정에 이르기까지 문화와 예술의 대전환기를 맞이했다.

프랑스에 살롱이 처음 개장된 것은 앙리 4세를 전후하여 40년간의 국가적·사회적 혼란을 벗어나 문학에 취미가 있는 귀족출신 여성들이 여가를 선용하고 무료함을 달래기 위한 것이었다는 데 그 의미가 있다. 그리고 여성들이 경영권을 갖은 이들 살롱은 하버마스가 말한 바와 같이 '공공의 문학공간'이 되었고 사업가, 문인, 관료 등이 규정에 얽매인 제도 밖에서 각자 지적 정진을 하며 문화 집단을 수립했던 '사교장'이자 '공론의 장'으로 성장되었다는 데 또한 그 의미가 크다.

살롱은 사실 절대주의의 산물이자 그것을 타파하고 근대의식을 형성했던 '새로운 공간'이다. 귀족과 부르주아들이 성이나 저택을 일상적인 생활공간에서 연회, 토론, 대화, 오락,

공연, 전시장으로 바꾸고 방들을 도시풍으로 새롭게 단장한 다음 거기에서 독서, 공연, 레크리에이션, 발표, 파티 등의 행사를 개최하여 살롱이라는 '사교 공간' '문화 공간'의 역할을 하게 한 것에서 당시 사회의식의 변화를 읽을 수 있다.

살롱이 성공한 것은 여주인들의 미모와 재치로 대화, 독서, 토론, 게임, 공연, 식도락 같은 여가활동을 통해 사교계와 문학계의 명사들을 조직적으로 끌어들였기 때문이다. 또한 살롱에서는 직위나 출신성분보다도 '재치, 언어의 구사력, 바른 예절'을 미덕으로 삼았던 것이 살롱번영의 한 몫을 하게 했다. 뿐만 아니라 대화와 토론을 통한 건전한 '사교 방법'으로 살롱을 운영했던 결과로 볼 수 있다. 따라서 살롱은 여론의 형성과 사교계의 변화에 커다란 역할을 함으로써 사회적 중요성을 갖게 되었다. 왜냐하면 살롱은 문인과 사교계인사들의 만남 속에서 정보를 교환하고 토론 문화를 활성화시켰기 때문이다.[36] 살롱이 점차 우후죽순처럼 생겨나자 다양한 살롱들 간에 미묘한 경쟁이 있었으나, 살롱은 여전히 르네상스 시대 이래 유럽 정신을 상징하고 구체화하는 데 기여했을 뿐만 아니라 여성의 역할과 해방을 상징하는 요람이 되었다. 그리고 살롱을 중심으로 형성된 토론문화와 비판정신이 궁정문화와 부르주아 의식을 융화하여 유럽의 대중문화를 형성하는 데 중추적 역할을 한 것은 문화사와 지성사에서 괄목할 만한 일이다.

17세기 랑부이에 부인의 살롱에서부터 시작해서 19세기 레카미에 부인의 살롱에 이르기까지 살롱은 비단 문학뿐만 아니라 정치와 사회에 대한 토론과 비판을 통해서 '이상 사회론'과 '이상 국가론'을 제시하는 데 기여했고, 문화와 생활양식에서 '프랑스 풍'을 만들어 냈다는 것도 잊어서는 안 될 것이다.

살롱이 처음 개장될 때와는 달리 18세기 후반에 이르면 출신보다는 오히려 재치와 지성, 인품을 선호하게 되었다는 점에서 사회적 변화도 읽을 수 있다. 더욱이 살롱은 철학·정치·종교 등에 대한 분야로 토론의 광장을 넓히면서 계몽사상가들의 사상적 '교류의 장'으로 변신했던 것이다. 따라서 살롱은 저술가, 학자, 예술가, 궁정인, 군인, 건달 등 다양한 계층의 사람들이 함께한 담론의 광장으로서 '지적 보고'이자 '사상적 전투장'이 되었으며, 그것이 프랑스 혁명으로 이어졌다는 것은 사상사적으로나 시대사적으로 상당한 의미를 부여해야 될 것이다.

여기에서 계몽사상가들은 당시 사회·정치·종교·제도에 대한 '파괴'가 아니라 그것들을 '바로잡자'는 자신의 의사와 더불어 공동의 의지를 형성하게 되었고, 그것들을 대중들에게 전달하는 '지적·문화적 전령사'의 역할을 함으로써 정치·사회·종교·경제·교육에 대한 의식의 전환에 지대한 공헌을 했다. 따라서 살롱은 아카데미 프랑세즈와 때로는 경쟁 상대가 되었고, 때로는 선도적 역할을 했으며, 대학과도 사상적 대립을 하는 등 '살롱문화'를 형성하고 계몽사상을 전파하면서 프랑스의 문화적 전통을 수립했다.

한편 살롱에서는 각종 연극, 음악회, 전시회 등을 개최했으므로 지식인들과 더불어 훌륭한 연주자와 작곡가 그리고 미술가들을 연결하는 또 하나의 고리가 되었다. 게다가 "메장제르 부인(Mme de la Mésangère)을 따라 모든 부인들이 별을 관측하였고, 살롱의 남자들은 물리, 화학, 자연사, 의학에까지도 열정을 가지고 있었으므로"[37] 살롱은 문예뿐만 아니라 자연과학 발전에도 선도적 역할을 했다는 점에서 그 존재와 역할이 재분석되어야 할 것이다.

살롱의 여주인들은 저술가나 출판업자와 연결하여 희귀본이나 금서목록에 들어 있는 책들을 읽고, 토론할 가치가 있는 것으로 판단되면 암암리에 순환시켜 살롱의 지적 수준을 높이고 계몽적 역할을 수행했으며, 또한 기호에 따라 저술가, 음악가, 학자, 예술가 등을 후원함으로써 문예 진흥의 역할도 했다는 것 또한 높이 평가할 일이다.

그러나 살롱에 대해 문화사적으로 긍정적인 평가만을 할 수는 없다. '문학계' 내외에서 형성된 파당싸움을 처음으로 조장한 것이 살롱이었기 때문이다. 그것은 살롱 여주인들의 고집과 문인들에 대한 편애에서 비롯되었다. 루소가 달랑베르에게 보낸 편지에서처럼 파리의 살롱들은 스파르타의 고약한 면이나 또는 몽타뇽(Montagnons)의 행복한 사교계의 성격을 가졌으며 그 가치를 수치스럽게 한 점도 있었다. 다시 말하면 살롱은 여성들을 타락시키고 남성들을 나약하게 했으며 마침내 남성과 여성이 지켜야 하는 미덕을 파괴시킨 면도 있었다는 것도 간과할 수 없는 문제이다. 그리고 토마스의 지적과 같이 살롱은 여인들에 의해 이끌어진 '파당(faction)'의 시대를 만들어 냈다는 면도 없지 않다.

한편 1789년 프랑스 혁명에서 나폴레옹으로 이어지는 역사의 대전환기에 프랑스 문화는 근대적 대중문화에 의해 형성되었는데, 여기에서도 살롱은 그 한 몫을 했다는 점이다. 뿐만 아니라 살롱은 프랑스 문화와 풍습의 유럽화와 더불어 프랑스의 문화적 지적 전통수립에 중추적인 역할을 했다는 점이 괄목할 만 하다. 그러나 현재 살롱들은 유럽 전역에서 문화적 활동의 막을 내렸다. 현대 여성들은 살롱을 통한 자유로운 대화와 사교보다 직업을 통한 사회참여와 개인적인 가치추구로 삶의 방향 전환이 필요했기 때문이다. 또한 언론이나 대중매체의 좌담, 토론 등은 살롱이 가지고 있던 취약점까지 보완해 주었다.

하지만 살롱이 여성의 사회적 진출과 신분, 남녀 간의 사회적 경계를 타파했으며, 새로운 지식사회를 형성하여 프랑스의 문화적·지적 전통 수립에 기여한 것은 역사를 통해 아름다운 기록으로 영원히 살아 있을 것이다.

주

1) Dena Goodman, *The Republic of Letters: A Cultural History of the French Enlightenment,* New York: Cornell University Press, 1996, p.69.

2) Claude Dulon, 「From conversation to creation」, *A History of Women in the West*, III London: The Belknap Press of Harvard University Press,1993, p.395.

3) Marie Gougy-François, *Les Grands Salons Féminins*, Paris:Nouvelles Editions Debresse, 1965, p.9.

4) Jean Louis de Boissieu, "Note sur le mot <salon>", *Le Français Moderne*(jan. 1977, p.43.

5) Verna von der Heyden-Rynsch, *Europaäische Salons*, 김종대·이기숙 옮김, 『유럽의 살롱들』(민음사, 1999), p.13.

6) Dena Goodman, "Public Sphere and Private Life;Toward A Synthesis of Current Historiographical Approaches to The Old Regime", *History and Theorie*, Vol. 31, no. 1, Wesleyan University, 1992, p.6.

7) Am. Gasquet, *Lectures sur la société Française aux XⅦ et XⅧ siècles,* Paris: Librairie CH. Delagrave, pp.50~51.

8) G. Lanson et Tuffrau, *Manuel Illustré d'histoire de la littérature Française des origine à l'epoque contemporaine,* Paris : Classiques Hachette, 1957, p.171.

9) 이광주, 『유럽사회-풍속산책』, 서울 : 까치, 1992, p.36.

10) Christian Jouhaud, "Sur le statut d'homme de lettres au XⅦ Siècle, la correspondance de Jean Chapelain(1595~1674)", *Annales H. S. S.*, mars-avril 1994, No. 2 (1994), p. 314.

11) Daniel Gordon, *Citizen Without Sovereignity: Equality and Sociability in French Thought*, 1670~1789, Princeton:Princeton University Press, 1994, p.31.

12) Dorinda Outram, *The Enlightenment*, Great Britain: Cambridge University Press, 1995, p.92.

13) Daniel Mornet, *Les origines intellctuelles de la Révolution Françise, 1715~1787,* Paris: Librairie Armand Colin, 1933, p.152

14) Roger Picard, *Les salons littéraires et la société Française, 1610~ 1789,* Paris: Brentano's, 1942, pp.199‒200.

15) Serge Grand, *Ces bonne femmes du XVIIIe : Flâneries à traversles salons littéraires,* Paris: Pierre Horay, 1985, pp.161‒162.

16) Dena Goodman, T*he Republic of Letters: A Cultural History of he French Enlightenment,* p.73.

17) Jean Haechler, *Le règne des femmes, 1715~1793,* Paris: Editions Grasset et Fasquell, 2001, pp.67‒68.

18) Marie Gougy-François, *Les grands salons féminins,* p.64.

19) Serge Grand, *Ces bonne femmes du XVIIIe : flâneries à traversles salons littéraires,* p.181.

20) Roger Picard, *Les salons littéraires et la société Française,* 1610~ 1789, pp.259‒260.

21) D. Arras et 10 auteurs, *L'homme des lumières,* Paris: Éditions du Seuil, 1996, p.177.

22) Marguerite Glotz et Madeleine Maire, *Salons de XVIIIè siècle,* Paris: Librairie Hachette, 1945, p.14.

23) Roger Chartier, "L'homme de lettres" *L'hommes des lumières,* Paris: Éditions du Seuil, 1996, p.174.

24) Daniel Roche, *Les républicains des lettres: Gens de culture et lumières au XVIIIe siècle,* Paris: Fayard, 1988, p.242.

25) Lewis A. Coser, *Men of Ideas,* New York: The Free Press, 1965, p.16.

26) Jacqueline Hellegouarc'h, *L'esprit de société: Cercles et "Salons" parisiens au XVIIIe siècle,* p.240.

27) Daniel Mornet, *Les origines intellctuelles de la Révolution Françise, 1715~1787,* p.153.

28) 김봉구 외, 『새로운 프랑스 문학사』, 일조각, 1997, p.127.

29) François Albert-Buisson, *Les quarante au temps de lumières,* Paris: Librairie Arthème Fayard, 1960, p.17.

30) Roland Mousnier et Ernest Labrousse, *Le XVIIIe siècles l'europe des lumières, 1715~1815,* Paris:P.U.P.,1987, pp.157‒158.

31) Jürgen Habermas, 한승완 옮김, 『공론장의 구조 변동』, 나남출판, 2001, p.102.

32) Albert Mathiez, *La Révolution Française*, tome 2, Paris: Librairie Armand Colin,1922, p.20.

33) Marie Gougy-François, *Les grands salons féminins*, p.122.

34) Verna von der Heiden-Rynsch, 김종대·이기숙 옮김, Europäische Salons, 『유럽의 살롱들』, pp.127-128.

35) 고봉만·이규식 외,『프랑스 문화예술, 악의 꽃에서 샤넬 No. 5까지』, 한길사, 2001, p.158.

36) Daniel Roche, *Les républicains des lettres: Gens de culture et lumières au XVIIIe siècle*, p.242.

37) Marguerite Glotz et Madeleine Maire, *Salons de XVIIIe siècle*, p.40.

살롱문화

초판발행 2003년 7월 30일 | 3쇄발행 2007년 3월 15일
지은이 서정복
펴낸이 심만수 | 펴낸곳 (주)살림출판사
출판등록 1989년 11월 1일 제9-210호

주소 413-756 경기도 파주시 교하읍 문발리 파주출판도시 522-2
전화번호 영업・(031)955-1350   기획편집・(031)955-1357
팩스 (031)955-1355
이메일 salleem@chol.com
홈페이지 http://www.sallimbooks.com

ISBN 89-522-0114-0 04920
        89-522-0096-9 04080 (세트)

값 9,800원